AFRIKAANS
VOCABOLARIO

PER STUDIO AUTODIDATTICO

ITALIANO-
AFRIKAANS

Le parole più utili
Per ampliare il proprio lessico e affinare
le proprie abilità linguistiche

7000 parole

Vocabolario Italiano-Afrikaans per studio autodidattico - 7000 parole
Di Andrey Taranov

I vocabolari T&P Books si propongono come strumento di aiuto per apprendere, memorizzare e revisionare l'uso di termini stranieri. Il dizionario si divide in vari argomenti che includono la maggior parte delle attività quotidiane, tra cui affari, scienza, cultura, ecc.

Il processo di apprendimento delle parole attraverso i dizionari divisi in liste tematiche della collana T&P Books offre i seguenti vantaggi:

- Le fonti d'informazione correttamente raggruppate garantiscono un buon risultato nella memorizzazione delle parole
- La possibilità di memorizzare gruppi di parole con la stessa radice (piuttosto che memorizzarle separatamente)
- Piccoli gruppi di parole facilitano il processo di apprendimento per associazione, utile al potenziamento lessicale
- Il livello di conoscenza della lingua può essere valutato attraverso il numero di parole apprese

T&P Books Publishing
www.tpbooks.com

ISBN: 978-1-78716-512-0

Questo libro è disponibile anche in formato e-book.
Visitate il sito www.tpbooks.com o le principali librerie online.

VOCABOLARIO AFRIKAANS
per studio autodidattico

I vocabolari T&P Books si propongono come strumento di aiuto per apprendere, memorizzare e revisionare l'uso di termini stranieri. Il vocabolario contiene oltre 7000 parole di uso comune ordinate per argomenti.

- Il vocabolario contiene le parole più comunemente usate
- È consigliato in aggiunta ad un corso di lingua
- Risponde alle esigenze degli studenti di lingue straniere sia essi principianti o di livello avanzato
- Pratico per un uso quotidiano, per gli esercizi di revisione e di autovalutazione
- Consente di valutare la conoscenza del proprio lessico

Caratteristiche specifiche del vocabolario:

- Le parole sono ordinate secondo il proprio significato e non alfabeticamente
- Le parole sono riportate in tre colonne diverse per facilitare il metodo di revisione e autovalutazione
- I gruppi di parole sono divisi in sottogruppi per facilitare il processo di apprendimento
- Il vocabolario offre una pratica e semplice trascrizione fonetica per ogni termine straniero

Il vocabolario contiene 198 argomenti tra cui:

Concetti di Base, Numeri, Colori, Mesi, Stagioni, Unità di Misura, Abbigliamento e Accessori, Cibo e Alimentazione, Ristorante, Membri della Famiglia, Parenti, Personalità, Sentimenti, Emozioni, Malattie, Città, Visita Turistica, Acquisti, Denaro, Casa, Ufficio, Lavoro d'Ufficio, Import-export, Marketing, Ricerca di un Lavoro, Sport, Istruzione, Computer, Internet, Utensili, Natura, Paesi, Nazionalità e altro ancora ...

INDICE

GUIDA ALLA PRONUNCIA

Alfabeto fonetico T&P	Esempio afrikaans	Esempio italiano
[a]	land	macchia
[ã]	straat	scusare
[æ]	hout	spremifrutta
[o], [ɔ]	Australië	notte
[e]	metaal	meno, leggere
[ɛ]	aanlê	centro
[ə]	filter	soldato (dialetto foggiano)
[ɪ]	uur	tattica
[i]	billik	vittoria
[ĩ]	naïef	scacchi
[o]	koppie	notte
[ø]	akteur	oblò
[œ]	fluit	tedesco - Hölle
[u]	hulle	prugno
[ʊ]	hout	prugno
[b]	bakker	bianco
[d]	donder	doccia
[f]	navraag	ferrovia
[g]	burger	guerriero
[h]	driehoek	[h] aspirate
[j]	byvoeg	New York
[k]	kamera	cometa
[l]	loon	saluto
[m]	môre	mostra
[n]	neef	novanta
[p]	pyp	pieno
[r]	rigting	ritmo, raro
[s]	oplos	sapere
[t]	lood, tenk	tattica
[v]	bewaar	volare
[w]	oorwinnaar	week-end
[z]	zoem	rosa
[dʒ]	enjin	piangere
[ʃ]	artisjok	ruscello
[ŋ]	kans	fango
[ʧ]	tjek	cinque
[ʒ]	beige	beige
[x]	agent	[h] dolce

10

ABBREVIAZIONI
usate nel vocabolario

Italiano. Abbreviazioni

agg	-	aggettivo
anim.	-	animato
avv	-	avverbio
cong	-	congiunzione
ecc.	-	eccetera
f	-	sostantivo femminile
f pl	-	femminile plurale
fem.	-	femminile
form.	-	formale
inanim.	-	inanimato
inform.	-	familiare
m	-	sostantivo maschile
m pl	-	maschile plurale
m, f	-	maschile, femminile
masc.	-	maschile
mil.	-	militare
pl	-	plurale
pron	-	pronome
qc	-	qualcosa
qn	-	qualcuno
sing.	-	singolare
v aus	-	verbo ausiliare
vi	-	verbo intransitivo
vi, vt	-	verbo intransitivo, transitivo
vr	-	verbo riflessivo
vt	-	verbo transitivo

CONCETTI DI BASE

Concetti di base. Parte 1

1. Pronomi

io	ek, my	[ɛk], [maj]
tu	jy	[jaj]
lui	hy	[haj]
lei	sy	[saj]
esso	dit	[dit]
noi	ons	[ɔŋs]
voi	julle	[jullə]
Lei	u	[u]
Voi	u	[u]
loro	hulle	[hullə]
loro (masc.)	hulle	[hullə]
loro (fem.)	hulle	[hullə]

2. Saluti. Convenevoli. Saluti di congedo

Salve!	Hallo!	[hallo!]
Buongiorno!	Hallo!	[hallo!]
Buongiorno! (la mattina)	Goeie môre!	[χuje mɔrə!]
Buon pomeriggio!	Goeiemiddag!	[χuje·middaχ!]
Buonasera!	Goeienaand!	[χuje·nãnt!]
salutare (vt)	dagsê	[daχsɛ:]
Ciao! Salve!	Hallo!	[hallo!]
saluto (m)	groet	[χrut]
salutare (vt)	groet	[χrut]
Come sta?	Hoe gaan dit?	[hu χãn dit?]
Come stai?	Hoe gaan dit?	[hu χãn dit?]
Che c'è di nuovo?	Hoe gaan dit?	[hu χãn dit?]
Arrivederci!	Totsiens!	[totsiŋs!]
Ciao!	Koebaai!	[kubãi!]
A presto!	Totsiens!	[totsiŋs!]
Addio! (inform.)	Mooi loop!	[moj loəp!]
Addio! (form.)	Vaarwel!	[fãrwel!]
congedarsi (vr)	afskeid neem	[afskæjt neəm]
Ciao! (A presto!)	Koebaai!	[kubãi!]
Grazie!	Dankie!	[danki!]
Grazie mille!	Baie dankie!	[baje danki!]

Prego	Plesier	[plesir]
Non c'è di che!	Plesier!	[plesir!]
Di niente	Plesier	[plesir]

Scusa!	Ekskuus!	[ɛkskɪs!]
Scusi!	Verskoon my!	[ferskoən maj!]
scusare (vt)	verskoon	[ferskoən]

scusarsi (vr)	verskoning vra	[ferskoniŋ fra]
Chiedo scusa	Verskoning	[ferskoniŋ]
Mi perdoni!	Ek is jammer!	[ɛk is jammər!]
perdonare (vt)	vergewe	[ferχevə]
Non fa niente	Maak nie saak nie!	[māk ni sāk ni!]
per favore	asseblief	[asseblif]

Non dimentichi!	Vergeet dit nie!	[ferχeət dit ni!]
Certamente!	Beslis!	[beslis!]
Certamente no!	Natuurlik nie!	[natɪrlik ni!]
D'accordo!	OK!	[okej!]
Basta!	Dis genoeg!	[dis χenuχ!]

3. Numeri cardinali. Parte 1

zero (m)	nul	[nul]
uno	een	[eən]
due	twee	[tweə]
tre	drie	[dri]
quattro	vier	[fir]

cinque	vyf	[fajf]
sei	ses	[ses]
sette	sewe	[sevə]
otto	ag	[aχ]
nove	nege	[neχə]

dieci	tien	[tin]
undici	elf	[ɛlf]
dodici	twaalf	[twālf]
tredici	dertien	[dertin]
quattordici	veertien	[feərtin]

quindici	vyftien	[fajftin]
sedici	sestien	[sestin]
diciassette	sewetien	[sevətin]
diciotto	agtien	[aχtin]
diciannove	negetien	[neχetin]

venti	twintig	[twintəχ]
ventuno	een-en-twintig	[eən-en-twintəχ]
ventidue	twee-en-twintig	[tweə-en-twintəχ]
ventitre	drie-en-twintig	[dri-en-twintəχ]

trenta	dertig	[dertəχ]
trentuno	een-en-dertig	[eən-en-dertəχ]

13

| trentadue | twee-en-dertig | [twee-en-dertəx] |
| trentatre | drie-en-dertig | [dri-en-dertəx] |

quaranta	veertig	[feertəx]
quarantuno	een-en-veertig	[een-en-feertəx]
quarantadue	twee-en-veertig	[twee-en-feertəx]
quarantatre	vier-en-veertig	[fir-en-feertəx]

cinquanta	vyftig	[fajftəx]
cinquantuno	een-en-vyftig	[een-en-fajftəx]
cinquantadue	twee-en-vyftig	[twee-en-fajftəx]
cinquantatre	drie-en-vyftig	[dri-en-fajftəx]

sessanta	sestig	[sestəx]
sessantuno	een-en-sestig	[een-en-sestəx]
sessantadue	twee-en-sestig	[twee-en-sestəx]
sessantatre	drie-en-sestig	[dri-en-sestəx]

settanta	sewentig	[seventəx]
settantuno	een-en-sewentig	[een-en-seventəx]
settantadue	twee-en-sewentig	[twee-en-seventəx]
settantatre	drie-en-sewentig	[dri-en-seventəx]

ottanta	tagtig	[taxtəx]
ottantuno	een-en-tagtig	[een-en-taxtəx]
ottantadue	twee-en-tagtig	[twee-en-taxtəx]
ottantatre	drie-en-tagtig	[dri-en-taxtəx]

novanta	negentig	[nexentəx]
novantuno	een-en-negentig	[een-en-nexentəx]
novantadue	twee-en-negentig	[twee-en-nexentəx]
novantatre	drie-en-negentig	[dri-en-nexentəx]

4. Numeri cardinali. Parte 2

cento	honderd	[hondərt]
duecento	tweehonderd	[twee·hondərt]
trecento	driehonderd	[dri·hondərt]
quattrocento	vierhonderd	[fir·hondərt]
cinquecento	vyfhonderd	[fajf·hondərt]

seicento	seshonderd	[ses·hondərt]
settecento	sewehonderd	[sewe·hondərt]
ottocento	aghonderd	[ax·hondərt]
novecento	negehonderd	[nexe·hondərt]

mille	duisend	[dœisent]
duemila	tweeduisend	[twee·dœisent]
tremila	drieduisend	[dri·dœisent]
diecimila	tienduisend	[tin·dœisent]
centomila	honderdduisend	[hondərt·dajsent]

| milione (m) | miljoen | [miljun] |
| miliardo (m) | miljard | [miljart] |

5. Numeri. Frazioni

frazione (f)	breuk	[brøək]
un mezzo	helfte	[hɛlftə]
un terzo	derde	[derdə]
un quarto	kwart	[kwart]

un ottavo	agste	[aχstə]
un decimo	tiende	[tində]
due terzi	twee derde	[tweə derdə]
tre quarti	driekwart	[drikwart]

6. Numeri. Operazioni aritmetiche di base

sottrazione (f)	aftrekking	[aftrɛkkiŋ]
sottrarre (vt)	aftrek	[aftrek]
divisione (f)	deling	[deliŋ]
dividere (vt)	deel	[deəl]

addizione (f)	optelling	[optɛlliŋ]
addizionare (vt)	optel	[optəl]
aggiungere (vt)	optel	[optəl]
moltiplicazione (f)	vermenigvuldiging	[fermeniχ·fuldəχiŋ]
moltiplicare (vt)	vermenigvuldig	[fermeniχ·fuldəχ]

7. Numeri. Varie

cifra (f)	syfer	[sajfər]
numero (m)	nommer	[nommər]
numerale (m)	telwoord	[tɛlwoərt]
meno (m)	minusteken	[minus·tekən]
più (m)	plusteken	[plus·tekən]
formula (f)	formule	[formulə]

calcolo (m)	berekening	[berekeniŋ]
contare (vt)	tel	[təl]
calcolare (vt)	optel	[optəl]
comparare (vt)	vergelyk	[ferχəlajk]

Quanto? Quanti?	Hoeveel?	[hufeəl?]
somma (f)	som, totaal	[som], [totãl]
risultato (m)	resultaat	[resultãt]
resto (m)	oorskot	[oərskot]

un po' di ...	min	[min]
alcuni, pochi (non molti)	min	[min]
resto (m)	die res	[di res]
dozzina (f)	dosyn	[dosajn]

in due	middeldeur	[middəldøər]
in parti uguali	gelyk	[χelajk]

| metà (f), mezzo (m) | helfte | [hɛlftə] |
| volta (f) | maal | [māl] |

8. I verbi più importanti. Parte 1

accorgersi (vr)	raaksien	[rāksin]
afferrare (vt)	vang	[faŋ]
affittare (dare in affitto)	huur	[hɪr]
aiutare (vt)	help	[hɛlp]
amare (qn)	liefhê	[lifhɛ:]

andare (camminare)	gaan	[χān]
annotare (vt)	opskryf	[opskrajf]
appartenere (vi)	behoort aan ...	[behoərt ān ...]
aprire (vt)	oopmaak	[oəpmāk]
arrivare (vi)	aankom	[ānkom]
aspettare (vt)	wag	[vaχ]

avere (vt)	hê	[hɛ:]
avere fame	honger wees	[hoŋər veəs]
avere fretta	opskud	[opskut]

avere paura	bang wees	[baŋ veəs]
avere sete	dors wees	[dors veəs]
avvertire (vt)	waarsku	[vārsku]
cacciare (vt)	jag	[jaχ]
cadere (vi)	val	[fal]

cambiare (vt)	verander	[ferandər]
capire (vt)	verstaan	[ferstān]
cenare (vi)	aandete gebruik	[āndetə χebrœik]
cercare (vt)	soek ...	[suk ...]
cessare (vt)	ophou	[ophæʋ]
chiedere (~ aiuto)	roep	[rup]

chiedere (domandare)	vra	[fra]
cominciare (vt)	begin	[beχin]
comparare (vt)	vergelyk	[ferχəlajk]

| confondere (vt) | verwar | [ferwar] |
| conoscere (qn) | ken | [ken] |

conservare (vt)	bewaar	[bevār]
consigliare (vt)	aanraai	[ānrāi]
contare (calcolare)	tel	[təl]

| contare su ... | reken op ... | [reken op ...] |
| continuare (vt) | aangaan | [ānχān] |

controllare (vt)	kontroleer	[kontroleər]
correre (vi)	hardloop	[hardloəp]
costare (vt)	kos	[kos]
creare (vt)	skep	[skep]
cucinare (vi)	kook	[koək]

9. I verbi più importanti. Parte 2

dare (vt)	gee	[χeə]
decorare (adornare)	versier	[fersir]
difendere (~ un paese)	verdedig	[ferdedəχ]
dimenticare (vt)	vergeet	[ferχeət]

dire (~ la verità)	sê	[sɛ:]
dirigere (compagnia, ecc.)	beheer	[beheər]
discutere (vt)	bespreek	[bespreək]
domandare (vt)	vra	[fra]
dubitare (vi)	twyfel	[twajfəl]

entrare (vi)	binnegaan	[binnəχān]
esigere (vt)	eis	[æjs]
esistere (vi)	bestaan	[bestān]

essere (vi)	wees	[veəs]
essere d'accordo	saamstem	[sāmstem]
fare (vt)	doen	[dun]
fare colazione	ontbyt	[ontbajt]

fare il bagno	gaan swem	[χān swem]
fermarsi (vr)	stilhou	[stilhæʊ]
fidarsi (vr)	vertrou	[fertræʊ]
finire (vt)	klaarmaak	[klārmāk]
firmare (~ un documento)	teken	[tekən]

giocare (vi)	speel	[speəl]
girare (~ a destra)	draai	[drāi]
gridare (vi)	skreeu	[skriʊ]
indovinare (vt)	raai	[rāi]
informare (vt)	in kennis stel	[in kɛnnis stəl]

ingannare (vt)	bedrieg	[bedrəχ]
insistere (vi)	aandring	[āndriŋ]
insultare (vt)	beledig	[beledəχ]
interessarsi di ...	belangstel in ...	[belaŋstəl in ...]
invitare (vt)	uitnooi	[œitnoj]

lamentarsi (vr)	kla	[kla]
lasciar cadere	laat val	[lāt fal]
lavorare (vi)	werk	[verk]
leggere (vi, vt)	lees	[leəs]
liberare (vt)	bevry	[befraj]

10. I verbi più importanti. Parte 3

mancare le lezioni	bank	[bank]
mandare (vt)	stuur	[stɪr]
menzionare (vt)	verwys na	[ferwajs na]
minacciare (vt)	drelg	[dræjχ]
mostrare (vt)	wys	[vajs]

nascondere (vt)	wegsteek	[veχsteək]
nuotare (vi)	swem	[swem]
obiettare (vt)	beswaar maak	[beswãr mãk]
occorrere (vimp)	nodig wees	[nodəχ veəs]
ordinare (~ il pranzo)	bestel	[bestəl]

ordinare (mil.)	beveel	[befeəl]
osservare (vt)	waarneem	[vãrneəm]
pagare (vi, vt)	betaal	[betãl]
parlare (vi, vt)	praat	[prãt]
partecipare (vi)	deelneem	[deəlneəm]

pensare (vi, vt)	dink	[dink]
perdonare (vt)	vergewe	[ferχevə]
permettere (vt)	toestaan	[tustãn]
piacere (vi)	hou van	[hæʊ fan]
piangere (vi)	huil	[hœil]

pianificare (vt)	beplan	[beplan]
possedere (vt)	besit	[besit]
potere (v aus)	kan	[kan]
pranzare (vi)	gaan eet	[χãn eət]
preferire (vt)	verkies	[ferkis]

pregare (vi, vt)	bid	[bit]
prendere (vt)	vat	[fat]
prevedere (vt)	voorsien	[foərsin]
promettere (vt)	beloof	[beloəf]
pronunciare (vt)	uitspreek	[œitspreək]

proporre (vt)	voorstel	[foərstəl]
punire (vt)	straf	[straf]
raccomandare (vt)	aanbeveel	[ãnbefeəl]
ridere (vi)	lag	[laχ]
rifiutarsi (vr)	weier	[væjer]

rincrescere (vi)	jammer wees	[jammər veəs]
ripetere (ridire)	herhaal	[herhãl]
riservare (vt)	bespreek	[bespreək]
rispondere (vi, vt)	antwoord	[antwoərt]
rompere (spaccare)	breek	[breək]
rubare (~ i soldi)	steel	[steəl]

11. I verbi più importanti. Parte 4

salvare (~ la vita a qn)	red	[ret]
sapere (vt)	weet	[veət]
scavare (vt)	grawe	[χravə]
scegliere (vt)	kies	[kis]

scendere (vi)	afkom	[afkom]
scherzare (vi)	grappies maak	[χrappis mãk]
scrivere (vt)	skryf	[skrajf]
scusare (vt)	verskoon	[ferskoən]

18

scusarsi (vr)	verskoning vra	[ferskoniŋ fra]
sedersi (vr)	gaan sit	[χãn sit]
seguire (vt)	volg ...	[folχ ...]
sgridare (vt)	uitvaar teen	[œitfãr teən]
significare (vt)	beteken	[betekən]
sorridere (vi)	glimlag	[χlimlaχ]

sottovalutare (vt)	onderskat	[ondərskat]
sparare (vi)	skiet	[skit]
sperare (vi, vt)	hoop	[hoəp]
spiegare (vt)	verduidelik	[ferdœidəlik]
studiare (vt)	studeer	[studeər]

stupirsi (vr)	verbaas wees	[ferbãs veəs]
tacere (vi)	stilbly	[stilblaj]
tentare (vt)	probeer	[probeər]
toccare (~ con le mani)	aanraak	[ãnrãk]
tradurre (vt)	vertaal	[fertãl]

trovare (vt)	vind	[fint]
uccidere (vt)	doodmaak	[doədmãk]
udire (percepire suoni)	hoor	[hoər]
unire (vt)	verenig	[ferenəχ]
uscire (vi)	uitgaan	[œitχãn]

vantarsi (vr)	spog	[spoχ]
vedere (vt)	sien	[sin]
vendere (vt)	verkoop	[ferkoəp]
volare (vi)	vlieg	[fliχ]
volere (desiderare)	wil	[vil]

12. Colori

colore (m)	kleur	[kløər]
sfumatura (f)	skakering	[skakeriŋ]
tono (m)	tint	[tint]
arcobaleno (m)	reënboog	[rɛɛn·boəχ]

bianco (agg)	wit	[vit]
nero (agg)	swart	[swart]
grigio (agg)	grys	[χrajs]

verde (agg)	groen	[χrun]
giallo (agg)	geel	[χeəl]
rosso (agg)	rooi	[roj]

blu (agg)	blou	[blæʊ]
azzurro (agg)	ligblou	[liχ·blæʊ]
rosa (agg)	pienk	[pink]
arancione (agg)	oranje	[oranje]
violetto (agg)	pers	[pers]
marrone (agg)	bruin	[brœin]
d'oro (agg)	goue	[χæʊə]
argenteo (agg)	silweragtig	[silweraχtəχ]

beige (agg)	beige	[bɛːiʒ]
color crema (agg)	roomkleurig	[roəm·kløərəχ]
turchese (agg)	turkoois	[turkojs]
rosso ciliegia (agg)	kersierooi	[kersi·roj]
lilla (agg)	lila	[lila]
rosso lampone (agg)	karmosyn	[karmosajn]

chiaro (agg)	lig	[liχ]
scuro (agg)	donker	[donkər]
vivo, vivido (agg)	helder	[hɛldər]

colorato (agg)	kleurig	[kløərəχ]
a colori	kleur	[kløər]
bianco e nero (agg)	swart-wit	[swart-wit]
in tinta unita	effe	[ɛffə]
multicolore (agg)	veelkleurig	[feəlkløərəχ]

13. Domande

Chi?	Wie?	[vi?]
Che cosa?	Wat?	[vat?]
Dove? (in che luogo?)	Waar?	[vãr?]
Dove? (~ vai?)	Waarheen?	[vãrheən?]
Di dove?, Da dove?	Waarvandaan?	[vãrfandãn?]
Quando?	Wanneer?	[vanneər?]
Perché? (per quale scopo?)	Hoekom?	[hukom?]
Perché? (per quale ragione?)	Hoekom?	[hukom?]

Per che cosa?	Vir wat?	[fir vat?]
Come?	Hoe?	[hu?]
Che? (~ colore è?)	Watter?	[vattər?]
Quale?	Watter een?	[vattər eən?]

A chi?	Vir wie?	[fir vi?]
Di chi?	Oor wie?	[oər vi?]
Di che cosa?	Oor wat?	[oər vat?]
Con chi?	Met wie?	[met vi?]
Quanti?, Quanto?	Hoeveel?	[hufeəl?]

14. Parole grammaticali. Avverbi. Parte 1

Dove?	Waar?	[vãr?]
qui (in questo luogo)	hier	[hir]
lì (in quel luogo)	daar	[dãr]

da qualche parte (essere ~)	êrens	[ærɛŋs]
da nessuna parte	nêrens	[nærɛŋs]

vicino a ...	by	[baj]
vicino alla finestra	by	[baj]
Dove?	Waarheen?	[vãrheən?]
qui (vieni ~)	hier	[hir]

ci (~ vado stasera)	soontoe	[soentu]
da qui	hiervandaan	[hirfandān]
da lì	daarvandaan	[dārfandān]

| vicino, accanto (avv) | naby | [nabaj] |
| lontano (avv) | ver | [fer] |

vicino (~ a Parigi)	naby	[nabaj]
vicino (qui ~)	naby	[nabaj]
non lontano	nie ver nie	[ni fər ni]

sinistro (agg)	linker-	[linkər-]
a sinistra (rimanere ~)	op linkerhand	[op linkərhant]
a sinistra (girare ~)	na links	[na links]

destro (agg)	regter	[reχtər]
a destra (rimanere ~)	op regterhand	[op reχtərhant]
a destra (girare ~)	na regs	[na reχs]

davanti	voor	[foər]
anteriore (agg)	voorste	[foərstə]
avanti	vooruit	[foərœit]

dietro (avv)	agter	[aχtər]
da dietro	van agter	[fan aχtər]
indietro	agtertoe	[aχtərtu]

| mezzo (m), centro (m) | middel | [middəl] |
| in mezzo, al centro | in die middel | [in di middəl] |

di fianco	op die sykant	[op di sajkant]
dappertutto	orals	[orals]
attorno	orals rond	[orals ront]

da dentro	van binne	[fan binnə]
da qualche parte (andare ~)	êrens	[ærɛŋs]
dritto (direttamente)	reguit	[reχœit]
indietro	terug	[teruχ]

da qualsiasi parte	êrens vandaan	[ærɛŋs fandān]
da qualche posto	êrens vandaan	[ærɛŋs fandān]
(veniamo ~)		

in primo luogo	in die eerste plek	[in di eərstə plek]
in secondo luogo	in die tweede plek	[in di tweədə plek]
in terzo luogo	in die derde plek	[in di derdə plek]

all'improvviso	skielik	[skilik]
all'inizio	aan die begin	[ān di beχin]
per la prima volta	vir die eerste keer	[fir di eərstə keər]
molto tempo prima di...	lank voordat ...	[lank foərdat ...]
di nuovo	opnuut	[opnɪt]
per sempre	vir goed	[fir χut]

| mai | nooit | [nojt] |
| ancora | weer | [veər] |

adesso	nou	[næʊ]
spesso (avv)	dikwels	[dikwɛls]
allora	toe	[tu]
urgentemente	dringend	[driŋən]
di solito	gewoonlik	[χevoənlik]

a proposito, ...	terloops, ...	[terloəps], [...]
è possibile	moontlik	[moentlik]
probabilmente	waarskynlik	[vārskajnlik]
forse	dalk	[dalk]
inoltre ...	trouens ...	[træʊɛŋs ...]
ecco perché ...	dis hoekom ...	[dis hukom ...]
nonostante (~ tutto)	ondanks ...	[ondanks ...]
grazie a ...	danksy ...	[danksaj ...]

che cosa (pron)	wat	[vat]
che (cong)	dat	[dat]
qualcosa (qualsiasi cosa)	iets	[its]
qualcosa (le serve ~?)	iets	[its]
niente	niks	[niks]

chi (pron)	wie	[vi]
qualcuno (annuire a ~)	iemand	[imant]
qualcuno (dipendere da ~)	iemand	[imant]

nessuno	niemand	[nimant]
da nessuna parte	nêrens	[nærɛŋs]
di nessuno	niemand se	[nimant sə]
di qualcuno	iemand se	[imant sə]

così (era ~ arrabbiato)	so	[so]
anche (penso ~ a ...)	ook	[oək]
anche, pure	ook	[oək]

15. Parole grammaticali. Avverbi. Parte 2

Perché?	Waarom?	[vārom?]
perché ...	omdat ...	[omdat ...]

e (cong)	en	[ɛn]
o (sì ~ no?)	of	[of]
ma (però)	maar	[mār]
per (~ me)	vir	[fir]

troppo	te	[te]
solo (avv)	net	[net]
esattamente	presies	[presis]
circa (~ 10 dollari)	ongeveer	[onχəfeər]

approssimativamente	ongeveer	[onχəfeər]
approssimativo (agg)	geraamde	[χerāmdə]
quasi	amper	[ampər]
resto	die res	[di res]
l'altro (~ libro)	die ander	[di andər]

altro (differente)	ander	[andər]
ogni (agg)	elke	[ɛlkə]
qualsiasi (agg)	enige	[ɛniҳə]
molti, molto	baie	[bajə]
molta gente	baie mense	[baje mɛŋsə]
tutto, tutti	almal	[almal]

in cambio di ...	in ruil vir ...	[in rœil fir ...]
in cambio	as vergoeding	[as ferҳudiŋ]
a mano (fatto ~)	met die hand	[met di hant]
poco probabile	skaars	[skārs]

probabilmente	waarskynlik	[vārskajnlik]
apposta	opsetlik	[opsetlik]
per caso	toevallig	[tufalləҳ]

molto (avv)	baie	[bajə]
per esempio	byvoorbeeld	[bajfoərbeəlt]
fra (~ due)	tussen	[tussən]
fra (~ più di due)	tussen	[tussən]
tanto (quantità)	so baie	[so bajə]
soprattutto	veral	[feral]

Concetti di base. Parte 2

16. Giorni della settimana

lunedì (m)	Maandag	[māndaχ]
martedì (m)	Dinsdag	[dinsdaχ]
mercoledì (m)	Woensdag	[vɔɛŋsdaχ]
giovedì (m)	Donderdag	[dondərdaχ]
venerdì (m)	Vrydag	[frajdaχ]
sabato (m)	Saterdag	[satərdaχ]
domenica (f)	Sondag	[sondaχ]
oggi (avv)	vandag	[fandaχ]
domani	môre	[mɔrə]
dopodomani	oormôre	[oərmɔrə]
ieri (avv)	gister	[χistər]
l'altro ieri	eergister	[eərχistər]
giorno (m)	dag	[daχ]
giorno (m) lavorativo	werksdag	[verks·daχ]
giorno (m) festivo	openbare vakansiedag	[openbarə fakaŋsi·daχ]
giorno (m) di riposo	verlofdag	[ferlofdaχ]
fine (m) settimana	naweek	[naveək]
tutto il giorno	die hele dag	[di helə daχ]
l'indomani	die volgende dag	[di folχendə daχ]
due giorni fa	twee dae gelede	[tweə daə χeledə]
il giorno prima	die dag voor	[di daχ foər]
quotidiano (agg)	daeliks	[daeliks]
ogni giorno	elke dag	[ɛlkə daχ]
settimana (f)	week	[veək]
la settimana scorsa	laas week	[lās veək]
la settimana prossima	volgende week	[folχendə veək]
settimanale (agg)	weekliks	[veəkliks]
ogni settimana	weekliks	[veəkliks]
ogni martedì	elke Dinsdag	[ɛlkə dinsdaχ]

17. Ore. Giorno e notte

mattina (f)	oggend	[oχent]
di mattina	soggens	[soχɛŋs]
mezzogiorno (m)	middag	[middaχ]
nel pomeriggio	in die namiddag	[in di namiddaχ]
sera (f)	aand	[ānt]
di sera	saans	[sāŋs]
notte (f)	nag	[naχ]

| di notte | snags | [snaχs] |
| mezzanotte (f) | middernag | [middərnaχ] |

secondo (m)	sekonde	[sekondə]
minuto (m)	minuut	[minɪt]
ora (f)	uur	[ɪr]
mezzora (f)	n halfuur	[n halfɪr]
quindici minuti	vyftien minute	[fajftin minutə]
ventiquattro ore	24 ure	[fir-en-twintəχ urə]

levata (f) del sole	sonop	[son·op]
alba (f)	daeraad	[daerāt]
mattutino (m)	elke oggend	[ɛlkə oχent]
tramonto (m)	sononder	[son·ondər]

di buon mattino	vroegdag	[fruχdaχ]
stamattina	vanmôre	[fanmɔrə]
domattina	môreoggend	[mɔrə·oχent]

oggi pomeriggio	vanmiddag	[fanmiddaχ]
nel pomeriggio	in die namiddag	[in di namiddaχ]
domani pomeriggio	môremiddag	[mɔrə·middaχ]

| stasera | vanaand | [fanānt] |
| domani sera | môreaand | [mɔrə·ānt] |

alle tre precise	klokslag 3 uur	[klokslaχ dri ɪr]
verso le quattro	omstreeks 4 uur	[omstreeks fir ɪr]
per le dodici	teen 12 uur	[teən twalf ɪr]

| fra venti minuti | oor twintig minute | [oər twintəχ minutə] |
| puntualmente | betyds | [betajds] |

un quarto di ...	kwart voor ...	[kwart foər ...]
ogni quindici minuti	elke 15 minute	[ɛlkə fajftin minutə]
giorno e notte	24 uur per dag	[fir-en-twintəχ pər daχ]

18. Mesi. Stagioni

gennaio (m)	Januarie	[januari]
febbraio (m)	Februarie	[februari]
marzo (m)	Maart	[mārt]
aprile (m)	April	[april]
maggio (m)	Mei	[mæj]
giugno (m)	Junie	[juni]

luglio (m)	Julie	[juli]
agosto (m)	Augustus	[ouχustus]
settembre (m)	September	[septembər]
ottobre (m)	Oktober	[oktobər]
novembre (m)	November	[nofembər]
dicembre (m)	Desember	[desembər]
primavera (f)	lente	[lentə]
in primavera	in die lente	[in di lentə]

primaverile (agg)	lente-	[lente-]
estate (f)	somer	[somər]
in estate	in die somer	[in di somər]
estivo (agg)	somerse	[somersə]
autunno (m)	herfs	[herfs]
in autunno	in die herfs	[in di herfs]
autunnale (agg)	herfsagtige	[herfsaχtiχə]
inverno (m)	winter	[vintər]
in inverno	in die winter	[in di vintər]
invernale (agg)	winter-	[vintər-]
mese (m)	maand	[mānt]
questo mese	hierdie maand	[hirdi mānt]
il mese prossimo	volgende maand	[folχendə mānt]
il mese scorso	laasmaand	[lāsmānt]
fra due mesi	oor twe maande	[oər twə māndə]
un mese intero	die hele maand	[di helə mānt]
mensile (rivista ~)	maandeliks	[māndəliks]
mensilmente	maandeliks	[māndəliks]
ogni mese	elke maand	[ɛlkə mānt]
anno (m)	jaar	[jār]
quest'anno	hierdie jaar	[hirdi jār]
l'anno prossimo	volgende jaar	[folχendə jār]
l'anno scorso	laasjaar	[lāʃār]
fra due anni	binne twee jaar	[binnə tweə jār]
un anno intero	die hele jaar	[di helə jār]
ogni anno	elke jaar	[ɛlkə jār]
annuale (agg)	jaarliks	[jārliks]
annualmente	jaarliks	[jārliks]
quattro volte all'anno	4 keer per jaar	[fir keər pər jār]
data (f) (~ di oggi)	datum	[datum]
data (f) (~ di nascita)	datum	[datum]
calendario (m)	kalender	[kalendər]
semestre (m)	ses maande	[ses māndə]
stagione (f) (estate, ecc.)	seisoen	[sæjsun]
secolo (m)	eeu	[iʊ]

19. Orario. Varie

tempo (m)	tyd	[tajt]
istante (m)	moment	[moment]
momento (m)	oomblik	[oəmblik]
istantaneo (agg)	oombliklik	[oəmbliklik]
periodo (m)	tydbestek	[tajdbestək]
vita (f)	lewe	[levə]

26

eternità (f)	ewigheid	[ɛviχæjt]
epoca (f)	tydperk	[tajtperk]
era (f)	tydperk	[tajtperk]
ciclo (m)	siklus	[siklus]
periodo (m)	periode	[periodə]
scadenza (f)	termyn	[termajn]

futuro (m)	die toekoms	[di tukoms]
futuro (agg)	toekomstig	[tukomstəχ]
la prossima volta	die volgende keer	[di folχendə keər]
passato (m)	die verlede	[di ferledə]
scorso (agg)	laas-	[lãs-]
la volta scorsa	die vorige keer	[di foriχə keər]

più tardi	later	[latər]
dopo	na	[na]
oggigiorno	deesdae	[deəsdaə]
adesso, ora	nou	[næʊ]
immediatamente	onmiddellik	[onmiddɛllik]
fra poco, presto	gou	[χæʊ]
in anticipo	by voorbaat	[baj foərbãt]

tanto tempo fa	lank gelede	[lank χeledə]
di recente	onlangs	[onlaŋs]
destino (m)	noodlot	[noədlot]
ricordi (m pl)	herinneringe	[herinneriŋə]
archivio (m)	argiewe	[arχivə]

durante ...	gedurende ...	[χedurendə ...]
a lungo	lank	[lank]
per poco tempo	nie lank nie	[ni lank ni]
presto (al mattino ~)	vroeg	[fruχ]
tardi (non presto)	laat	[lãt]

per sempre	vir altyd	[fir altajt]
cominciare (vt)	begin	[beχin]
posticipare (vt)	uitstel	[œitstəl]

simultaneamente	tegelykertyd	[teχelajkertajt]
tutto il tempo	permanent	[permanent]
costante (agg)	voortdurend	[foərtdurent]
temporaneo (agg)	tydelik	[tajdelik]

a volte	soms	[soms]
raramente	selde	[sɛldə]
spesso (avv)	dikwels	[dikwɛls]

20. Contrari

| ricco (agg) | ryk | [rajk] |
| povero (agg) | arm | [arm] |

| malato (agg) | siek | [sik] |
| sano (agg) | gesond | [χesont] |

| grande (agg) | groot | [χroət] |
| piccolo (agg) | klein | [klæjn] |

| rapidamente | vinnig | [finnəχ] |
| lentamente | stadig | [stadəχ] |

| veloce (agg) | vinnig | [finnəχ] |
| lento (agg) | stadig | [stadəχ] |

| allegro (agg) | bly | [blaj] |
| triste (agg) | droewig | [druvəχ] |

| insieme | saam | [sãm] |
| separatamente | afsonderlik | [afsondərlik] |

| ad alta voce (leggere ~) | hardop | [hardop] |
| in silenzio | stil | [stil] |

| alto (agg) | groot | [χroət] |
| basso (agg) | laag | [lãχ] |

| profondo (agg) | diep | [dip] |
| basso (agg) | vlak | [flak] |

| sì | ja | [ja] |
| no | nee | [neə] |

| lontano (agg) | ver | [fer] |
| vicino (agg) | naby | [nabaj] |

| lontano (avv) | ver | [fer] |
| vicino (avv) | naby | [nabaj] |

| lungo (agg) | lang | [laŋ] |
| corto (agg) | kort | [kort] |

| buono (agg) | vriendelik | [frindəlik] |
| cattivo (agg) | boos | [boəs] |

| sposato (agg) | getroud | [χetræʊt] |
| celibe (agg) | ongetroud | [onχətræʊt] |

| vietare (vt) | verbied | [ferbit] |
| permettere (vt) | toestaan | [tustãn] |

| fine (f) | einde | [æjndə] |
| inizio (m) | begin | [beχin] |

| sinistro (agg) | linker- | [linkər-] |
| destro (agg) | regter | [reχtər] |

| primo (agg) | eerste | [eərstə] |
| ultimo (agg) | laaste | [lãstə] |

| delitto (m) | misdaad | [misdãt] |
| punizione (f) | straf | [straf] |

| ordinare (vt) | beveel | [befeəl] |
| obbedire (vi) | gehoorsaam | [χehoərsām] |

| dritto (agg) | reguit | [reχœit] |
| curvo (agg) | krom | [krom] |

| paradiso (m) | paradys | [paradajs] |
| inferno (m) | hel | [həl] |

| nascere (vi) | gebore word | [χeborə vort] |
| morire (vi) | doodgaan | [doədχān] |

| forte (agg) | sterk | [sterk] |
| debole (agg) | swak | [swak] |

| vecchio (agg) | oud | [æʊt] |
| giovane (agg) | jong | [joŋ] |

| vecchio (agg) | ou | [æʊ] |
| nuovo (agg) | nuwe | [nuvə] |

| duro (agg) | hard | [hart] |
| morbido (agg) | sag | [saχ] |

| caldo (agg) | warm | [varm] |
| freddo (agg) | koud | [kæʊt] |

| grasso (agg) | vet | [fet] |
| magro (agg) | dun | [dun] |

| stretto (agg) | smal | [smal] |
| largo (agg) | wyd | [vajt] |

| buono (agg) | goed | [χut] |
| cattivo (agg) | sleg | [sleχ] |

| valoroso (agg) | dapper | [dappər] |
| codardo (agg) | lafhartig | [lafhartəχ] |

21. Linee e forme

quadrato (m)	vierkant	[firkant]
quadrato (agg)	vierkantig	[firkantəχ]
cerchio (m)	sirkel	[sirkəl]
rotondo (agg)	rond	[ront]
triangolo (m)	driehoek	[drihuk]
triangolare (agg)	driehoekig	[drihukəχ]

ovale (m)	ovaal	[ofāl]
ovale (agg)	ovaal	[ofāl]
rettangolo (m)	reghoek	[reχhuk]
rettangolare (agg)	reghoekig	[reχhukəχ]
piramide (f)	piramide	[piramidə]
rombo (m)	ruit	[rœit]

trapezio (m)	trapesoïed	[trapesoïət]
cubo (m)	kubus	[kubus]
prisma (m)	prisma	[prisma]

circonferenza (f)	omtrek	[omtrək]
sfera (f)	sfeer	[sfeər]
palla (f)	bal	[bal]
diametro (m)	diameter	[diametər]
raggio (m)	straal	[strāl]
perimetro (m)	omtrek	[omtrək]
centro (m)	sentrum	[sentrum]

orizzontale (agg)	horisontaal	[horisontāl]
verticale (agg)	vertikaal	[fertikāl]
parallela (f)	parallel	[paralləl]
parallelo (agg)	parallel	[paralləl]

linea (f)	lyn	[lajn]
tratto (m)	haal	[hāl]
linea (f) retta	regte lyn	[reχtə lajn]
linea (f) curva	krom	[krom]
sottile (uno strato ~)	dun	[dun]
contorno (m)	omtrek	[omtrək]

intersezione (f)	snypunt	[snaj·punt]
angolo (m) retto	regte hoek	[reχtə huk]
segmento	segment	[seχment]
settore (m)	sektor	[sektor]
lato (m)	sy	[saj]
angolo (m)	hoek	[huk]

22. Unità di misura

peso (m)	gewig	[χevəχ]
lunghezza (f)	lengte	[leŋtə]
larghezza (f)	breedte	[breədtə]
altezza (f)	hoogte	[hoəχtə]
profondità (f)	diepte	[diptə]
volume (m)	volume	[folumə]
area (f)	area	[area]

grammo (m)	gram	[χram]
milligrammo (m)	milligram	[milliχram]
chilogrammo (m)	kilogram	[kiloχram]
tonnellata (f)	ton	[ton]
libbra (f)	pond	[pont]
oncia (f)	ons	[ɔŋs]

metro (m)	meter	[metər]
millimetro (m)	millimeter	[millimetər]
centimetro (m)	sentimeter	[sentimetər]
chilometro (m)	kilometer	[kilometər]
miglio (m)	myl	[majl]
pollice (m)	duim	[dœim]

| piede (f) | voet | [fut] |
| iarda (f) | jaart | [jãrt] |

| metro (m) quadro | vierkante meter | [firkantə metər] |
| ettaro (m) | hektaar | [hektãr] |

litro (m)	liter	[litər]
grado (m)	graad	[χrãt]
volt (m)	volt	[folt]
ampere (m)	ampère	[ampɛ:r]
cavallo vapore (m)	perdekrag	[perdə·kraχ]

quantità (f)	hoeveelheid	[hufeəlhæjt]
metà (f)	helfte	[hɛlftə]
dozzina (f)	dosyn	[dosajn]
pezzo (m)	stuk	[stuk]

| dimensione (f) | grootte | [χroəttə] |
| scala (f) (modello in ~) | skaal | [skãl] |

minimo (agg)	minimaal	[minimãl]
minore (agg)	die kleinste	[di klæjnstə]
medio (agg)	medium	[medium]
massimo (agg)	maksimaal	[maksimãl]
maggiore (agg)	die grootste	[di χroətstə]

23. Contenitori

barattolo (m) di vetro	glaspot	[χlas·pot]
latta, lattina (f)	blikkie	[blikki]
secchio (m)	emmer	[ɛmmər]
barile (m), botte (f)	drom	[drom]

catino (m)	wasbak	[vas·bak]
serbatoio (m) (per liquidi)	tenk	[tɛnk]
fiaschetta (f)	heupfles	[høəp·fles]
tanica (f)	petrolblik	[petrol·blik]
cisterna (f)	tenk	[tɛnk]

tazza (f)	beker	[bekər]
tazzina (f) (~ di caffé)	koppie	[koppi]
piattino (m)	piering	[piriŋ]
bicchiere (m) (senza stelo)	glas	[χlas]
calice (m)	wynglas	[vajn·χlas]
casseruola (f)	soppot	[sop·pot]

| bottiglia (f) | bottel | [bottəl] |
| collo (m) (~ della bottiglia) | nek | [nek] |

caraffa (f)	kraffie	[kraffi]
brocca (f)	kruik	[krœik]
recipiente (m)	houer	[hæʋər]
vaso (m) di coccio	pot	[pot]
vaso (m) di fiori	vaas	[ʈas]

31

boccetta (f) (~ di profumo)	bottel	[bottəl]
fiala (f)	botteltjie	[bottɛlki]
tubetto (m)	buisie	[bœisi]

sacco (m) (~ di patate)	sak	[sak]
sacchetto (m) (~ di plastica)	sak	[sak]
pacchetto (m) (~ di sigarette, ecc.)	pakkie	[pakki]

scatola (f) (~ per scarpe)	kartondoos	[karton·doəs]
cassa (f) (~ di vino, ecc.)	krat	[krat]
cesta (f)	mandjie	[mandʒi]

24. Materiali

materiale (m)	boustof	[bæʊstof]
legno (m)	hout	[hæʊt]
di legno	hout-	[hæʊt-]

vetro (m)	glas	[χlas]
di vetro	glas-	[χlas-]

pietra (f)	klip	[klip]
di pietra	klip-	[klip-]

plastica (f)	plastiek	[plastik]
di plastica	plastiek-	[plastik-]

gomma (f)	rubber	[rubbər]
di gomma	rubber-	[rubbər-]

stoffa (f)	materiaal	[materiãl]
di stoffa	materiaal-	[materiãl-]

carta (f)	papier	[papir]
di carta	papier-	[papir-]

cartone (m)	karton	[karton]
di cartone	karton-	[karton-]

polietilene (m)	politeen	[politeən]
cellofan (m)	sellofaan	[sɛllofãn]

linoleum (m)	linoleum	[linoløəm]
legno (m) compensato	laaghout	[lãχhæʊt]

porcellana (f)	porselein	[porselæjn]
di porcellana	porselein-	[porselæjn-]

argilla (f)	klei	[klæj]
d'argilla	klei-	[klæj-]

ceramica (f)	keramiek	[keramik]
ceramico	keramiek-	[keramik-]

25. Metalli

metallo (m)	metaal	[metãl]
metallico	metaal-	[metãl-]
lega (f)	allooi	[alloj]
oro (m)	goud	[χæʊt]
d'oro	goue	[χæʊə]
argento (m)	silwer	[silwər]
d'argento	silwer-	[silwər-]
ferro (m)	yster	[ajstər]
di ferro	yster-	[ajstər-]
acciaio (m)	staal	[stãl]
d'acciaio	staal-	[stãl-]
rame (m)	koper	[kopər]
di rame	koper-	[kopər-]
alluminio (m)	aluminium	[aluminium]
di alluminio, alluminico	aluminium-	[aluminium-]
bronzo (m)	brons	[brɔŋs]
di bronzo	brons-	[brɔŋs-]
ottone (m)	geelkoper	[χeəl·kopər]
nichel (m)	nikkel	[nikkəl]
platino (m)	platinum	[platinum]
mercurio (m)	kwik	[kwik]
stagno (m)	tin	[tin]
piombo (m)	lood	[loət]
zinco (m)	sink	[sink]

ESSERE UMANO

Essere umano. Il corpo umano

26. L'uomo. Concetti di base

uomo (m) (essere umano)	mens	[mɛŋs]
uomo (m) (adulto maschio)	man	[man]
donna (f)	vrou	[fræʊ]
bambino (m) (figlio)	kind	[kint]
bambina (f)	meisie	[mæjsi]
bambino (m)	seun	[søən]
adolescente (m, f)	tiener	[tinər]
vecchio (m)	ou man	[æʊ man]
vecchia (f)	ou vrou	[æʊ fræʊ]

27. Anatomia umana

organismo (m)	organisme	[orχanismə]
cuore (m)	hart	[hart]
sangue (m)	bloed	[blut]
arteria (f)	slagaar	[slaχār]
vena (f)	aar	[ār]
cervello (m)	brein	[bræjn]
nervo (m)	senuwee	[senuveə]
nervi (m pl)	senuwees	[senuveəs]
vertebra (f)	rugwerwels	[ruχ·werwɛls]
colonna (f) vertebrale	ruggraat	[ruχ·χrāt]
stomaco (m)	maag	[māχ]
intestini (m pl)	ingewande	[inχəwandə]
intestino (m)	derm	[derm]
fegato (m)	lewer	[levər]
rene (m)	nier	[nir]
osso (m)	been	[beən]
scheletro (m)	geraamte	[χerãmtə]
costola (f)	rib	[rip]
cranio (m)	skedel	[skedəl]
muscolo (m)	spier	[spir]
bicipite (m)	biseps	[biseps]
tricipite (m)	triseps	[triseps]
tendine (m)	sening	[seniŋ]
articolazione (f)	gewrig	[χevrəχ]

polmoni (m pl)	longe	[loŋə]
genitali (m pl)	geslagsorgane	[χeslaχs·orχanə]
pelle (f)	vel	[fəl]

28. Testa

testa (f)	kop	[kop]
viso (m)	gesig	[χesəχ]
naso (m)	neus	[nøəs]
bocca (f)	mond	[mont]

occhio (m)	oog	[oəχ]
occhi (m pl)	oë	[oɛ]
pupilla (f)	pupil	[pupil]
sopracciglio (m)	wenkbrou	[vɛnk·bræʊ]
ciglio (m)	ooghaar	[oəχ·hār]
palpebra (f)	ooglid	[oəχ·lit]

lingua (f)	tong	[toŋ]
dente (m)	tand	[tant]
labbra (f pl)	lippe	[lippə]
zigomi (m pl)	wangbene	[vaŋ·benə]
gengiva (f)	tandvleis	[tand·flæjs]
palato (m)	verhemelte	[fer·hemɛltə]

narici (f pl)	neusgate	[nøəsχatə]
mento (m)	ken	[ken]
mascella (f)	kakebeen	[kakebeən]
guancia (f)	wang	[vaŋ]

fronte (f)	voorhoof	[foərhoəf]
tempia (f)	slaap	[slāp]
orecchio (m)	oor	[oər]
nuca (f)	agterkop	[aχterkop]
collo (m)	nek	[nek]
gola (f)	keel	[keəl]

capelli (m pl)	haar	[hār]
pettinatura (f)	kapsel	[kapsəl]
taglio (m)	haarstyl	[hārstajl]
parrucca (f)	pruik	[prœik]

baffi (m pl)	snor	[snor]
barba (f)	baard	[bārt]
portare (~ la barba, ecc.)	dra	[dra]
treccia (f)	vlegsel	[fleχsəl]
basette (f pl)	bakkebaarde	[bakkəbārdə]

rosso (agg)	rooiharig	[roj·harəχ]
brizzolato (agg)	grys	[χrajs]
calvo (agg)	kaal	[kāl]
calvizie (f)	kaal plek	[kāl plek]
coda (f) di cavallo	poniestert	[poni·stert]
frangetta (f)	gordyntjiekapsel	[χordajnkl·kapsəl]

29. Corpo umano

mano (f)	hand	[hant]
braccio (m)	arm	[arm]
dito (m)	vinger	[fiŋər]
dito (m) del piede	toon	[toən]
pollice (m)	duim	[dœim]
mignolo (m)	pinkie	[pinki]
unghia (f)	nael	[naəl]
pugno (m)	vuis	[fœis]
palmo (m)	palm	[palm]
polso (m)	pols	[pols]
avambraccio (m)	voorarm	[foərarm]
gomito (m)	elmboog	[ɛlmboəχ]
spalla (f)	skouer	[skæʊər]
gamba (f)	been	[beən]
pianta (f) del piede	voet	[fut]
ginocchio (m)	knie	[kni]
polpaccio (m)	kuit	[kœit]
anca (f)	heup	[høəp]
tallone (m)	hakskeen	[hak·skeən]
corpo (m)	liggaam	[liχχãm]
pancia (f)	maag	[mãχ]
petto (m)	bors	[bors]
seno (m)	bors	[bors]
fianco (m)	sy	[saj]
schiena (f)	rug	[ruχ]
zona (f) lombare	lae rug	[laə ruχ]
vita (f)	middel	[middəl]
ombelico (m)	naeltjie	[naɛlki]
natiche (f pl)	boude	[bæʊdə]
sedere (m)	sitvlak	[sitflak]
neo (m)	moesie	[musi]
voglia (f) (~ di fragola)	moedervlek	[mudər·flek]
tatuaggio (m)	tatoe	[tatu]
cicatrice (f)	litteken	[littekən]

36

Abbigliamento e Accessori

30. Indumenti. Soprabiti

vestiti (m pl)	klere	[klerə]
soprabito (m)	oorklere	[oərklerə]
abiti (m pl) invernali	winterklere	[vintər·klerə]
cappotto (m)	jas	[jas]
pelliccia (f)	pelsjas	[pelʃas]
pellicciotto (m)	kort pelsjas	[kort pelʃas]
piumino (m)	donsjas	[donʃas]
giubbotto (m), giaccha (f)	baadjie	[bãdʒi]
impermeabile (m)	reënjas	[reɛnjas]
impermeabile (agg)	waterdig	[vatərdəx]

31. Abbigliamento uomo e donna

camicia (f)	hemp	[hemp]
pantaloni (m pl)	broek	[bruk]
jeans (m pl)	denimbroek	[denim·bruk]
giacca (f) (~ di tweed)	baadjie	[bãdʒi]
abito (m) da uomo	pak	[pak]
abito (m)	rok	[rok]
gonna (f)	romp	[romp]
camicetta (f)	bloes	[blus]
giacca (f) a maglia	gebreide baadjie	[xebræjdə bãdʒi]
giacca (f) tailleur	baadjie	[bãdʒi]
maglietta (f)	T-hemp	[te-hemp]
pantaloni (m pl) corti	kortbroek	[kort·bruk]
tuta (f) sportiva	sweetpak	[sweət·pak]
accappatoio (m)	badjas	[batjas]
pigiama (m)	pajama	[pajama]
maglione (m)	trui	[trœi]
pullover (m)	trui	[trœi]
gilè (m)	onderbaadjie	[ondər·bãdʒi]
frac (m)	swaelstertbaadjie	[swaɛlstert·bãdʒi]
smoking (m)	aandpak	[ãntpak]
uniforme (f)	uniform	[uniform]
tuta (f) da lavoro	werksklere	[verks·klerə]
salopette (f)	oorpak	[oərpak]
camice (m) (~ del dottore)	jas	[jas]

32. Abbigliamento. Biancheria intima

biancheria (f) intima	onderklere	[ondərklerə]
boxer (m pl)	onderbroek	[ondərbruk]
mutandina (f)	onderbroek	[ondərbruk]
maglietta (f) intima	frokkie	[frokki]
calzini (m pl)	sokkies	[sokkis]

camicia (f) da notte	nagrok	[naχrok]
reggiseno (m)	bra	[bra]
calzini (m pl) alti	kniekouse	[kni·kæʊsə]
collant (m)	kousbroek	[kæʊsbruk]
calze (f pl)	kouse	[kæʊsə]
costume (m) da bagno	baaikostuum	[bāj·kostɪm]

33. Copricapo

cappello (m)	hoed	[hut]
cappello (m) di feltro	hoed	[hut]
cappello (m) da baseball	bofbalpet	[bofbal·pet]
coppola (f)	pet	[pet]

basco (m)	mus	[mus]
cappuccio (m)	kap	[kap]
panama (m)	panamahoed	[panama·hut]
berretto (m) a maglia	gebreide mus	[χebræjdə mus]

fazzoletto (m) da capo	kopdoek	[kopduk]
cappellino (m) donna	dameshoed	[dames·hut]

casco (m) (~ di sicurezza)	veiligheidshelm	[fæjliχæjts·hɛlm]
bustina (f)	mus	[mus]
casco (m) (~ moto)	helmet	[hɛlmet]

bombetta (f)	bolhoed	[bolhut]
cilindro (m)	hoëhoed	[hoɛhut]

34. Calzature

calzature (f pl)	skoeisel	[skuisəl]
stivaletti (m pl)	mansskoene	[maŋs·skunə]
scarpe (f pl)	damesskoene	[dames·skunə]
stivali (m pl)	laarse	[lārsə]
pantofole (f pl)	pantoffels	[pantoffəls]

scarpe (f pl) da tennis	tenniskoene	[tɛnnis·skunə]
scarpe (f pl) da ginnastica	tekkies	[tɛkkis]
sandali (m pl)	sandale	[sandalə]

calzolaio (m)	skoenmaker	[skun·makər]
tacco (m)	hak	[hak]

paio (m)	paar	[pãr]
laccio (m)	skoenveter	[skun·fetər]
allacciare (vt)	ryg	[rajχ]
calzascarpe (m)	skoenlepel	[skun·lepəl]
lucido (m) per le scarpe	skoenpolitoer	[skun·politur]

35. Tessuti. Stoffe

cotone (m)	katoen	[katun]
di cotone	katoen-	[katun-]
lino (m)	vlas	[flas]
di lino	vlas-	[flas-]

seta (f)	sy	[saj]
di seta	sy-	[saj-]
lana (f)	wol	[vol]
di lana	wol-	[vol-]

velluto (m)	fluweel	[fluveəl]
camoscio (m)	suède	[suɛdə]
velluto (m) a coste	ferweel	[ferweəl]

nylon (m)	nylon	[najlon]
di nylon	nylon-	[najlon-]
poliestere (m)	poliëster	[poliɛstər]
di poliestere	poliëster-	[poliɛstər-]

pelle (f)	leer	[leər]
di pelle	leer-	[leər-]
pelliccia (f)	bont	[bont]
di pelliccia	bont-	[bont-]

36. Accessori personali

guanti (m pl)	handskoene	[handskunə]
manopole (f pl)	duimhandskoene	[dœim·handskunə]
sciarpa (f)	serp	[serp]

occhiali (m pl)	bril	[bril]
montatura (f)	raam	[rãm]
ombrello (m)	sambreel	[sambreəl]
bastone (m)	wandelstok	[vandəl·stok]
spazzola (f) per capelli	haarborsel	[hãr·borsəl]
ventaglio (m)	waaier	[vãjer]

cravatta (f)	das	[das]
cravatta (f) a farfalla	strikkie	[strikki]
bretelle (f pl)	kruisbande	[krœis·bandə]
fazzoletto (m)	sakdoek	[sakduk]

| pettine (m) | kam | [kam] |
| fermaglio (m) | haarspeld | [hãrs·pɛlt] |

| forcina (f) | haarpen | [hãr·pen] |
| fibbia (f) | gespe | [χespə] |

| cintura (f) | belt | [bɛlt] |
| spallina (f) | skouerband | [skæʋer·bant] |

borsa (f)	handsak	[hand·sak]
borsetta (f)	beursie	[bøərsi]
zaino (m)	rugsak	[ruχsak]

37. Abbigliamento. Varie

moda (f)	mode	[modə]
di moda	in die mode	[in di modə]
stilista (m)	modeontwerper	[modə·ontwerpər]

collo (m)	kraag	[krãχ]
tasca (f)	sak	[sak]
tascabile (agg)	sak-	[sak-]
manica (f)	mou	[mæʋ]
asola (f) per appendere	lussie	[lussi]
patta (f) (~ dei pantaloni)	gulp	[χulp]

cerniera (f) lampo	ritssluiter	[rits·slœitər]
chiusura (f)	vasmaker	[fasmakər]
bottone (m)	knoop	[knoəp]
occhiello (m)	knoopsgat	[knoəps·χat]
staccarsi (un bottone)	loskom	[loskom]

cucire (vi, vt)	naai	[nãi]
ricamare (vi, vt)	borduur	[bordɪr]
ricamo (m)	borduurwerk	[bordɪr·werk]
ago (m)	naald	[nãlt]
filo (m)	garing	[χariŋ]
cucitura (f)	soom	[soəm]

sporcarsi (vr)	vuil word	[fœil vort]
macchia (f)	vlek	[flek]
sgualcirsi (vr)	kreukel	[krøəkəl]
strappare (vt)	skeur	[skøər]
tarma (f)	mot	[mot]

38. Cura della persona. Cosmetici

dentifricio (m)	tandepasta	[tandə·pasta]
spazzolino (m) da denti	tandeborsel	[tandə·borsəl]
lavarsi i denti	tande borsel	[tandə borsəl]

rasoio (m)	skeermes	[skeər·mes]
crema (f) da barba	skeerroom	[skeər·roəm]
rasarsi (vr)	skeer	[skeər]
sapone (m)	seep	[seəp]

shampoo (m)	sjampoe	[ʃampu]
forbici (f pl)	skêr	[skær]
limetta (f)	naelvyl	[naɛl·fajl]
tagliaunghie (m)	naelknipper	[naɛl·knippər]
pinzette (f pl)	haartangetjie	[hārtaŋəki]

cosmetica (f)	kosmetika	[kosmetika]
maschera (f) di bellezza	gesigmasker	[χesiχ·maskər]
manicure (m)	manikuur	[manikɪr]
fare la manicure	laat manikuur	[lāt manikɪr]
pedicure (m)	voetbehandeling	[fut·behandeliŋ]

borsa (f) del trucco	kosmetika tassie	[kosmetika tassi]
cipria (f)	gesigpoeier	[χesiχ·pujer]
portacipria (m)	poeierdosie	[pujer·dosi]
fard (m)	blosser	[blossər]

profumo (m)	parfuum	[parfɪm]
acqua (f) da toeletta	reukwater	[røək·vatər]
lozione (f)	vloeiroom	[flui·roəm]
acqua (f) di Colonia	reukwater	[røək·vatər]

ombretto (m)	oogskadu	[oəχ·skadu]
eyeliner (m)	oogomlyner	[oəχ·omlajnər]
mascara (m)	maskara	[maskara]

rossetto (m)	lipstiffie	[lip·stiffi]
smalto (m)	naellak	[naɛl·lak]
lacca (f) per capelli	haarsproei	[hārs·prui]
deodorante (m)	reukweermiddel	[røək·veərmiddəl]

crema (f)	room	[roəm]
crema (f) per il viso	gesigroom	[χesiχ·roəm]
crema (f) per le mani	handroom	[hand·roəm]
crema (f) antirughe	antirimpelroom	[antirimpəl·roəm]
crema (f) da giorno	dagroom	[daχ·roəm]
crema (f) da notte	nagroom	[naχ·roəm]
da giorno	dag-	[daχ-]
da notte	nag-	[naχ-]

tampone (m)	tampon	[tampon]
carta (f) igienica	toiletpapier	[tojlet·papir]
fon (m)	haardroër	[hār·droɛr]

39. Gioielli

gioielli (m pl)	juweliersware	[juvelirs·warə]
prezioso (agg)	edel-	[ɛdəl-]
marchio (m)	waarmerk	[vārmerk]

anello (m)	ring	[riŋ]
anello (m) nuziale	trouring	[træʊriŋ]
braccialetto (m)	armband	[armbant]
orecchini (m pl)	oorbelle	[oər·bɛllə]

collana (f)	halssnoer	[hals·snur]
corona (f)	kroon	[kroən]
perline (f pl)	kraalsnoer	[krāl·snur]

diamante (m)	diamant	[diamant]
smeraldo (m)	smarag	[smaraχ]
rubino (m)	robyn	[robajn]
zaffiro (m)	saffier	[saffir]
perle (f pl)	pêrel	[pærəl]
ambra (f)	amber	[ambər]

40. Orologi da polso. Orologio

orologio (m) (~ da polso)	polshorlosie	[pols·horlosi]
quadrante (m)	wyserplaat	[vajsər·plāt]
lancetta (f)	wyster	[vajstər]
braccialetto (m)	metaal horlosiebandjie	[metāl horlosi·bandʒi]
cinturino (m)	horlosiebandjie	[horlosi·bandʒi]

pila (f)	battery	[battəraj]
essere scarico	pap wees	[pap veəs]
andare avanti	voorloop	[foərloəp]
andare indietro	agterloop	[aχtərloəp]

orologio (m) da muro	muurhorlosie	[mɪr·horlosi]
clessidra (f)	uurglas	[ɪr·χlas]
orologio (m) solare	sonwyser	[son·wajsər]
sveglia (f)	wekker	[vɛkkər]
orologiaio (m)	horlosiemaker	[horlosi·makər]
riparare (vt)	herstel	[herstəl]

Cibo. Alimentazione

41. Cibo

carne (f)	vleis	[flæjs]
pollo (m)	hoender	[hundər]
pollo (m) novello	braaikuiken	[braɑj·kœiken]
anatra (f)	eend	[eent]
oca (f)	gans	[χaŋs]
cacciagione (f)	wild	[vilt]
tacchino (m)	kalkoen	[kalkun]

maiale (m)	varkvleis	[fark·flæjs]
vitello (m)	kalfsvleis	[kalfs·flæjs]
agnello (m)	lamsvleis	[lams·flæjs]
manzo (m)	beesvleis	[beəs·flæjs]
coniglio (m)	konynvleis	[konajn·flæjs]

salame (m)	wors	[vors]
w?rstel (m)	Weense worsie	[veɛŋsə vorsi]
pancetta (f)	spek	[spek]
prosciutto (m)	ham	[ham]
prosciutto (m) affumicato	gerookte ham	[χeroəktə ham]

pâté (m)	patee	[pateə]
fegato (m)	lewer	[levər]
carne (f) trita	maalvleis	[māl·flæjs]
lingua (f)	tong	[toŋ]

uovo (m)	eier	[æjer]
uova (f pl)	eiers	[æjers]
albume (m)	eierwit	[æjer·wit]
tuorlo (m)	dooier	[dojer]

pesce (m)	vis	[fis]
frutti (m pl) di mare	seekos	[seə·kos]
crostacei (m pl)	skaaldiere	[skāldirə]
caviale (m)	kaviaar	[kafiār]

granchio (m)	krab	[krap]
gamberetto (m)	garnaal	[χarnāl]
ostrica (f)	oester	[ustər]
aragosta (f)	seekreef	[seə·kreəf]
polpo (m)	seekat	[seə·kat]
calamaro (m)	pylinkvis	[pajl·inkfis]

storione (m)	steur	[støər]
salmone (m)	salm	[salm]
ippoglosso (m)	heilbot	[hæjlbot]
merluzzo (m)	kabeljou	[kabeljæʊ]

scombro (m)	makriel	[makril]
tonno (m)	tuna	[tuna]
anguilla (f)	paling	[paliŋ]

trota (f)	forel	[forəl]
sardina (f)	sardyn	[sardajn]
luccio (m)	varswatersnoek	[farswatər·snuk]
aringa (f)	haring	[hariŋ]

pane (m)	brood	[broət]
formaggio (m)	kaas	[kās]
zucchero (m)	suiker	[sœikər]
sale (m)	sout	[sæʊt]

riso (m)	rys	[rajs]
pasta (f)	pasta	[pasta]
tagliatelle (f pl)	noedels	[nudɛls]

burro (m)	botter	[bottər]
olio (m) vegetale	plantaardige olie	[plantārdiχə oli]
olio (m) di girasole	sonblomolie	[sonblom·oli]
margarina (f)	margarien	[marχarin]

olive (f pl)	olywe	[olajvə]
olio (m) d'oliva	olyfolie	[olajf·oli]

latte (m)	melk	[mɛlk]
latte (m) condensato	kondensmelk	[kondɛŋs·mɛlk]
yogurt (m)	jogurt	[joχurt]
panna (f) acida	suurroom	[sɪr·roəm]
panna (f)	room	[roəm]

maionese (m)	mayonnaise	[majonɛs]
crema (f)	crème	[krɛm]

cereali (m pl)	ontbytgraan	[ontbajt·χrān]
farina (f)	meelblom	[meəl·blom]
cibi (m pl) in scatola	blikkieskos	[blikkis·kos]

fiocchi (m pl) di mais	mielievlokkies	[mili·flokkis]
miele (m)	heuning	[høəniŋ]
marmellata (f)	konfyt	[konfajt]
gomma (f) da masticare	kougom	[kæʊχom]

42. Bevande

acqua (f)	water	[vatər]
acqua (f) potabile	drinkwater	[drink·vatər]
acqua (f) minerale	mineraalwater	[minerāl·vatər]

liscia (non gassata)	sonder gas	[sonder χas]
gassata (agg)	soda-	[soda-]
frizzante (agg)	bruis-	[brœis-]
ghiaccio (m)	ys	[ajs]

con ghiaccio	met ys	[met ajs]
analcolico (agg)	nie-alkoholies	[ni-alkoholis]
bevanda (f) analcolica	koeldrank	[kul·drank]
bibita (f)	verfrissende drank	[ferfrissendə drank]
limonata (f)	limonade	[limonadə]

bevande (f pl) alcoliche	likeure	[likøərə]
vino (m)	wyn	[vajn]
vino (m) bianco	witwyn	[vit·vajn]
vino (m) rosso	rooiwyn	[roj·vajn]

liquore (m)	likeur	[likøər]
champagne (m)	sjampanje	[ʃampanjə]
vermouth (m)	vermoet	[fərmut]

whisky	whisky	[vhiskaj]
vodka (f)	vodka	[fodka]
gin (m)	jenever	[jenefər]
cognac (m)	brandewyn	[brandə·vajn]
rum (m)	rum	[rum]

caffè (m)	koffie	[koffi]
caffè (m) nero	swart koffie	[swart koffi]
caffè latte (m)	koffie met melk	[koffi met melk]
cappuccino (m)	capuccino	[kaputʃino]
caffè (m) solubile	poeierkoffie	[pujer·koffi]

latte (m)	melk	[melk]
cocktail (m)	mengeldrankie	[menχəl·dranki]
frullato (m)	melkskommel	[melk·skomməl]

succo (m)	sap	[sap]
succo (m) di pomodoro	tamatiesap	[tamati·sap]
succo (m) d'arancia	lemoensap	[lemoən·sap]
spremuta (f)	vars geparste sap	[fars χeparstə sap]

birra (f)	bier	[bir]
birra (f) chiara	ligte bier	[liχtə bir]
birra (f) scura	donker bier	[donkər bir]

tè (m)	tee	[teə]
tè (m) nero	swart tee	[swart teə]
tè (m) verde	groen tee	[χrun teə]

43. Verdure

ortaggi (m pl)	groente	[χruntə]
verdura (f)	groente	[χruntə]

pomodoro (m)	tamatie	[tamati]
cetriolo (m)	komkommer	[komkommər]
carota (f)	wortel	[vortəl]
patata (f)	aartappel	[ārtappəl]
cipolla (f)	ui	[œi]

aglio (m)	knoffel	[knoffəl]
cavolo (m)	kool	[koəl]
cavolfiore (m)	blomkool	[blom·koəl]
cavoletti (m pl) di Bruxelles	Brusselspruite	[brussɛl·sprœitə]
broccolo (m)	broccoli	[brokoli]

barbabietola (f)	beet	[beət]
melanzana (f)	eiervrug	[æjerfruχ]
zucchina (f)	vingerskorsie	[fiŋər·skorsi]
zucca (f)	pampoen	[pampun]
rapa (f)	raap	[rãp]

prezzemolo (m)	pietersielie	[pitərsili]
aneto (m)	dille	[dillə]
lattuga (f)	slaai	[slãi]
sedano (m)	seldery	[selderaj]
asparago (m)	aspersie	[aspersi]
spinaci (m pl)	spinasie	[spinasi]

pisello (m)	ertjie	[ɛrki]
fave (f pl)	boontjies	[boənkis]
mais (m)	mielie	[mili]
fagiolo (m)	nierboontjie	[nir·boənki]

peperone (m)	paprika	[paprika]
ravanello (m)	radys	[radajs]
carciofo (m)	artisjok	[artiʃok]

44. Frutta. Noci

frutto (m)	vrugte	[fruχtə]
mela (f)	appel	[appəl]
pera (f)	peer	[peər]
limone (m)	suurlemoen	[sɪr·lemun]
arancia (f)	lemoen	[lemun]
fragola (f)	aarbei	[ãrbæj]

mandarino (m)	nartjie	[narki]
prugna (f)	pruim	[prœim]
pesca (f)	perske	[perskə]
albicocca (f)	appelkoos	[appɛlkoəs]
lampone (m)	framboos	[framboəs]
ananas (m)	pynappel	[pajnappəl]

banana (f)	piesang	[pisaŋ]
anguria (f)	waatlemoen	[vãtlemun]
uva (f)	druif	[drœif]
amarena (f)	suurkersie	[sɪr·kersi]
ciliegia (f)	soetkersie	[sut·kersi]
melone (m)	spanspek	[spaŋspek]

pompelmo (m)	pomelo	[pomelo]
avocado (m)	avokado	[afokado]
papaia (f)	papaja	[papaja]

mango (m)	mango	[manχo]
melagrana (f)	granaat	[χranãt]

ribes (m) rosso	rooi aalbessie	[roj ālbɛssi]
ribes (m) nero	swartbessie	[swartbɛssi]
uva (f) spina	appelliefie	[appɛllifi]
mirtillo (m)	bosbessie	[bosbɛssi]
mora (f)	braambessie	[brãmbɛssi]

uvetta (f)	rosyntjie	[rosajnki]
fico (m)	vy	[faj]
dattero (m)	dadel	[dadəl]

arachide (f)	grondboontjie	[χront·boənki]
mandorla (f)	amandel	[amandəl]
noce (f)	okkerneut	[okkər·nøət]
nocciola (f)	haselneut	[hasɛl·nøət]
noce (f) di cocco	klapper	[klappər]
pistacchi (m pl)	pistachio	[pistatʃio]

45. Pane. Dolci

pasticceria (f)	soet gebak	[sut χebak]
pane (m)	brood	[broət]
biscotti (m pl)	koekies	[kukis]

cioccolato (m)	sjokolade	[ʃokoladə]
al cioccolato (agg)	sjokolade	[ʃokoladə]
caramella (f)	lekkers	[lɛkkərs]
tortina (f)	koek	[kuk]
torta (f)	koek	[kuk]

crostata (f)	pastei	[pastæj]
ripieno (m)	vulsel	[fulsəl]

marmellata (f)	konfyt	[konfajt]
marmellata (f) di agrumi	marmelade	[marmeladə]
wafer (m)	wafels	[vafɛls]
gelato (m)	roomys	[roəm·ajs]
budino (m)	poeding	[pudiŋ]

46. Pietanze cucinate

piatto (m) (~ principale)	gereg	[χerəχ]
cucina (f)	kookkuns	[koək·kuns]
ricetta (f)	resep	[resep]
porzione (f)	porsie	[porsi]

insalata (f)	slaai	[slāi]
minestra (f)	sop	[sop]
brodo (m)	helder sop	[hɛldər sop]
panino (m)	toebroodjie	[tubroədʒl]

uova (f pl) al tegamino	gabakte eiers	[χabaktə æjers]
hamburger (m)	hamburger	[hamburχər]
bistecca (f)	biefstuk	[bifstuk]

contorno (m)	sygereg	[saj·χerəχ]
spaghetti (m pl)	spaghetti	[spaχεtti]
purè (m) di patate	kapokaartappels	[kapok·ārtappəls]
pizza (f)	pizza	[pizza]
porridge (m)	pap	[pap]
frittata (f)	omelet	[omələt]

bollito (agg)	gekook	[χekoək]
affumicato (agg)	gerook	[χeroək]
fritto (agg)	gebak	[χebak]
secco (agg)	gedroog	[χedroəχ]
congelato (agg)	gevries	[χefris]
sottoaceto (agg)	gepiekel	[χepikəl]

dolce (gusto)	soet	[sut]
salato (agg)	sout	[sæʊt]
freddo (agg)	koud	[kæʊt]
caldo (agg)	warm	[varm]
amaro (agg)	bitter	[bittər]
buono, gustoso (agg)	smaaklik	[smāklik]

cuocere, preparare (vt)	kook in water	[koək in vatər]
cucinare (vi)	kook	[koək]
friggere (vt)	braai	[braj]
riscaldare (vt)	opwarm	[opwarm]

salare (vt)	sout	[sæʊt]
pepare (vt)	peper	[pepər]
grattugiare (vt)	rasp	[rasp]
buccia (f)	skil	[skil]
sbucciare (vt)	skil	[skil]

47. Spezie

sale (m)	sout	[sæʊt]
salato (agg)	sout	[sæʊt]
salare (vt)	sout	[sæʊt]

pepe (m) nero	swart peper	[swart pepər]
peperoncino (m)	rooi peper	[roj pepər]
senape (f)	mosterd	[mostert]
cren (m)	peperwortel	[peper·wortəl]

condimento (m)	smaakmiddel	[smāk·middəl]
spezie (f pl)	spesery	[spesəraj]
salsa (f)	sous	[sæʊs]
aceto (m)	asyn	[asajn]

anice (m)	anys	[anajs]
basilico (m)	basilikum	[basilikum]

chiodi (m pl) di garofano	naeltjies	[naɛlkis]
zenzero (m)	gemmer	[χɛmmər]
coriandolo (m)	koljander	[koljandər]
cannella (f)	kaneel	[kaneəl]

sesamo (m)	sesamsaad	[sesam·sãt]
alloro (m)	lourierblaar	[læʊrir·blãr]
paprica (f)	paprika	[paprika]
cumino (m)	komynsaad	[komajnsãt]
zafferano (m)	saffraan	[saffrãn]

48. Pasti

| cibo (m) | kos | [kos] |
| mangiare (vi, vt) | eet | [eət] |

colazione (f)	ontbyt	[ontbajt]
fare colazione	ontbyt	[ontbajt]
pranzo (m)	middagete	[middaχ·etə]
pranzare (vi)	gaan eet	[χãn eət]
cena (f)	aandete	[ãndetə]
cenare (vi)	aandete gebruik	[ãndetə χebrœik]

| appetito (m) | aptyt | [aptajt] |
| Buon appetito! | Smaaklike ete! | [smãklikə etə!] |

aprire (vt)	oopmaak	[oəpmãk]
rovesciare (~ il vino, ecc.)	mors	[mors]
rovesciarsi (vr)	mors	[mors]

bollire (vi)	kook	[koək]
far bollire	kook	[koək]
bollito (agg)	gekook	[χekoək]
raffreddare (vt)	laat afkoel	[lãt afkul]
raffreddarsi (vr)	afkoel	[afkul]

| gusto (m) | smaak | [smãk] |
| retrogusto (m) | nasmaak | [nasmãk] |

essere a dieta	vermaer	[fermaər]
dieta (f)	dieet	[diət]
vitamina (f)	vitamien	[fitamin]
caloria (f)	kalorie	[kalori]

| vegetariano (m) | vegetariër | [feχetariɛr] |
| vegetariano (agg) | vegetaries | [feχetaris] |

grassi (m pl)	vette	[fɛttə]
proteine (f pl)	proteïen	[proteïen]
carboidrati (m pl)	koolhidrate	[koəlhidratə]

fetta (f), fettina (f)	snytjie	[snajki]
pezzo (m) (~ di torta)	stuk	[stuk]
briciola (f) (~ di pane)	krummel	[krumməl]

49. Preparazione della tavola

cucchiaio (m)	lepel	[lepǝl]
coltello (m)	mes	[mes]
forchetta (f)	vurk	[furk]
tazza (f)	koppie	[koppi]
piatto (m)	bord	[bort]
piattino (m)	piering	[piriŋ]
tovagliolo (m)	servet	[serfǝt]
stuzzicadenti (m)	tandestokkie	[tandǝ·stokki]

50. Ristorante

ristorante (m)	restaurant	[restɔurant]
caffè (m)	koffiekroeg	[koffi·kruχ]
pub (m), bar (m)	kroeg	[kruχ]
sala (f) da tè	teekamer	[teǝ·kamǝr]
cameriere (m)	kelner	[kɛlnǝr]
cameriera (f)	kelnerin	[kɛlnǝrin]
barista (m)	kroegman	[kruχman]
menù (m)	spyskaart	[spajs·kãrt]
lista (f) dei vini	wyn	[vajn]
prenotare un tavolo	wynkaart	[vajn·kãrt]
piatto (m)	gereg	[χerǝχ]
ordinare (~ il pranzo)	bestel	[bestǝl]
fare un'ordinazione	bestel	[bestǝl]
aperitivo (m)	drankie	[dranki]
antipasto (m)	voorgereg	[foǝrχerǝχ]
dolce (m)	nagereg	[naχerǝχ]
conto (m)	rekening	[rekǝniŋ]
pagare il conto	die rekening betaal	[di rekǝniŋ betãl]
dare il resto	kleingeld gee	[klæjn·χɛlt χeǝ]
mancia (f)	fooitjie	[fojki]

Famiglia, parenti e amici

51. Informazioni personali. Moduli

nome (m)	voornaam	[foərnãm]
cognome (m)	van	[fan]
data (f) di nascita	geboortedatum	[xeboərtə·datum]
luogo (m) di nascita	geboorteplek	[xeboərtə·plek]
nazionalità (f)	nasionaliteit	[naʃionalitæjt]
domicilio (m)	woonplek	[voən·plek]
paese (m)	land	[lant]
professione (f)	beroep	[berup]
sesso (m)	geslag	[xeslax]
statura (f)	lengte	[leŋtə]
peso (m)	gewig	[xevəx]

52. Membri della famiglia. Parenti

madre (f)	moeder	[mudər]
padre (m)	vader	[fadər]
figlio (m)	seun	[søən]
figlia (f)	dogter	[doxtər]
figlia (f) minore	jonger dogter	[joŋər doxtər]
figlio (m) minore	jonger seun	[joŋər søən]
figlia (f) maggiore	oudste dogter	[æʊdstə doxtər]
figlio (m) maggiore	oudste seun	[æʊdstə søən]
fratello (m)	broer	[brur]
fratello (m) maggiore	ouer broer	[æʊer brur]
fratello (m) minore	jonger broer	[joŋər brur]
sorella (f)	suster	[sustər]
sorella (f) maggiore	ouer suster	[æʊer sustər]
sorella (f) minore	jonger suster	[joŋər sustər]
cugino (m)	neef	[neəf]
cugina (f)	neef	[neəf]
mamma (f)	ma	[ma]
papà (m)	pa	[pa]
genitori (m pl)	ouers	[æʊers]
bambino (m)	kind	[kint]
bambini (m pl)	kinders	[kindərs]
nonna (f)	ouma	[æʊma]
nonno (m)	oupa	[æʊpa]

nipote (m) (figlio di un figlio)	kleinseun	[klæjn·søən]
nipote (f)	kleindogter	[klæjn·doχtər]
nipoti (pl)	kleinkinders	[klæjn·kindərs]

zio (m)	oom	[oəm]
zia (f)	tante	[tantə]
nipote (m) (figlio di un fratello)	neef	[neəf]
nipote (f)	nig	[niχ]

suocera (f)	skoonma	[skoən·ma]
suocero (m)	skoonpa	[skoən·pa]
genero (m)	skoonseun	[skoən·søən]
matrigna (f)	stiefma	[stifma]
patrigno (m)	stiefpa	[stifpa]

neonato (m)	baba	[baba]
infante (m)	baba	[baba]
bimbo (m), ragazzino (m)	seuntjie	[søənki]

moglie (f)	vrou	[fræʊ]
marito (m)	man	[man]
coniuge (m)	eggenoot	[ɛχχenoət]
coniuge (f)	eggenote	[ɛχχenotə]

sposato (agg)	getroud	[χetræʊt]
sposata (agg)	getroud	[χetræʊt]
celibe (agg)	ongetroud	[onχətræʊt]
scapolo (m)	vrygesel	[frajχesəl]
divorziato (agg)	geskei	[χeskæj]
vedova (f)	weduwee	[veduveə]
vedovo (m)	wedunaar	[vedunār]

parente (m)	familielid	[famililit]
parente (m) stretto	na familie	[na famili]
parente (m) lontano	ver familie	[fer famili]
parenti (m pl)	familielede	[famililedə]

orfano (m)	weeskind	[veəskint]
orfana (f)	weeskind	[veəskint]
tutore (m)	voog	[foəχ]
adottare (~ un bambino)	aanneem	[ānneəm]
adottare (~ una bambina)	aanneem	[ānneəm]

53. Amici. Colleghi

amico (m)	vriend	[frint]
amica (f)	vriendin	[frindin]
amicizia (f)	vriendskap	[frindskap]
essere amici	bevriend wees	[befrint veəs]

amico (m) (inform.)	maat	[mãt]
amica (f) (inform.)	vriendin	[frindin]
partner (m)	maat	[mãt]
capo (m)	baas	[bãs]

capo (m), superiore (m)	baas	[bãs]
proprietario (m)	eienaar	[æjenãr]
subordinato (m)	ondergeskikte	[ondərχeskiktə]
collega (m)	kollega	[kolleχa]

conoscente (m)	kennis	[kɛnnis]
compagno (m) di viaggio	medereisiger	[medə·ræjsiχər]
compagno (m) di classe	klasmaat	[klas·mãt]

vicino (m)	buurman	[bɪrman]
vicina (f)	buurvrou	[bɪrfræʊ]
vicini (m pl)	bure	[burə]

54. Uomo. Donna

donna (f)	vrou	[fræʊ]
ragazza (f)	meisie	[mæjsi]
sposa (f)	bruid	[brœit]

bella (agg)	mooi	[moj]
alta (agg)	groot	[χroət]
snella (agg)	slank	[slank]
bassa (agg)	kort	[kort]

bionda (f)	blondine	[blondinə]
bruna (f)	brunet	[brunet]

da donna (agg)	dames-	[dames-]
vergine (f)	maagd	[mãχt]
incinta (agg)	swanger	[swaŋər]

uomo (m) (adulto maschio)	man	[man]
biondo (m)	blond	[blont]
bruno (m)	brunet	[brunet]
alto (agg)	groot	[χroət]
basso (agg)	kort	[kort]

sgarbato (agg)	onbeskof	[onbeskof]
tozzo (agg)	frisgebou	[frisχebæʊ]
robusto (agg)	frisgebou	[frisχebæʊ]
forte (agg)	sterk	[sterk]
forza (f)	sterkte	[sterktə]

grasso (agg)	vet	[fet]
bruno (agg)	blas	[blas]
snello (agg)	slank	[slank]
elegante (agg)	elegant	[ɛleχant]

55. Età

età (f)	ouderdom	[æʊderdom]
giovinezza (f)	jeug	[jøəχ]

giovane (agg)	jong	[joŋ]
più giovane (agg)	jonger	[joŋər]
più vecchio (agg)	ouer	[æʋer]

giovane (m)	jongman	[joŋman]
adolescente (m, f)	tiener	[tinər]
ragazzo (m)	ou	[æʋ]

| vecchio (m) | ou man | [æʋ man] |
| vecchia (f) | ou vrou | [æʋ fræʋ] |

adulto (m)	volwasse	[folwassə]
di mezza età	middeljarig	[middəl·jarəχ]
anziano (agg)	bejaard	[bejārt]
vecchio (agg)	oud	[æʋt]

pensionamento (m)	pensioen	[pɛnsiun]
andare in pensione	met pensioen gaan	[met pɛnsiun χān]
pensionato (m)	pensioenaris	[pɛnsiunaris]

56. Bambini

bambino (m), bambina (f)	kind	[kint]
bambini (m pl)	kinders	[kindərs]
gemelli (m pl)	tweeling	[tweəliŋ]

culla (f)	wiegie	[viχi]
sonaglio (m)	rammelaar	[rammelār]
pannolino (m)	luier	[lœiər]

tettarella (f)	fopspeen	[fopspeən]
carrozzina (f)	kinderwaentjie	[kindər·waenki]
scuola (f) materna	kindertuin	[kindər·tœin]
baby-sitter (f)	babasitter	[babasittər]

infanzia (f)	kinderdae	[kindərdaə]
bambola (f)	pop	[pop]
giocattolo (m)	speelgoed	[speəl·χut]
gioco (m) di costruzione	boudoos	[bæʋ·doəs]
educato (agg)	goed opgevoed	[χut opχəfut]
maleducato (agg)	sleg opgevoed	[slεχ opχəfut]
viziato (agg)	bederf	[bederf]

essere disubbidiente	stout wees	[stæʋt veəs]
birichino (agg)	ondeuend	[ondøent]
birichinata (f)	ondeuendheid	[ondøenthæjt]
bambino (m) birichino	rakker	[rakkər]

| ubbidiente (agg) | gehoorsaam | [χehoərsām] |
| disubbidiente (agg) | ongehoorsaam | [onχəhoərsām] |

docile (agg)	soet	[sut]
intelligente (agg)	slim	[slim]
bambino (m) prodigio	wonderkind	[vondərkint]

57. Coppie sposate. Vita di famiglia

baciare (vt)	soen	[sun]
baciarsi (vr)	mekaar soen	[mekār sun]
famiglia (f)	familie	[famili]
familiare (agg)	gesins-	[χesins-]
coppia (f)	paartjie	[pārki]
matrimonio (m)	huwelik	[huvelik]
focolare (m) domestico	tuiste	[tœistə]
dinastia (f)	dinastie	[dinasti]
appuntamento (m)	datum	[datum]
bacio (m)	soen	[sun]
amore (m)	liefde	[lifdə]
amare (qn)	liefhê	[lifhɛ:]
amato (agg)	geliefde	[χelifdə]
tenerezza (f)	teerheid	[teərhæjt]
dolce, tenero (agg)	teer	[teər]
fedeltà (f)	trou	[træʋ]
fedele (agg)	trou	[træʋ]
premura (f)	sorg	[sorχ]
premuroso (agg)	sorgsaam	[sorχsām]
sposi (m pl) novelli	pasgetroudes	[pas·χetræʋdes]
luna (f) di miele	wittebroodsdae	[vittebroəds·daə]
sposarsi (per una donna)	trou	[træʋ]
sposarsi (per un uomo)	trou	[træʋ]
nozze (f pl)	bruilof	[brœilof]
nozze (f pl) d'oro	goue bruilof	[χæʋə brœilof]
anniversario (m)	verjaardag	[ferjār·daχ]
amante (m)	minnaar	[minnār]
amante (f)	minnares	[minnares]
adulterio (m)	owerspel	[overspəl]
tradire (commettere adulterio)	owerspel pleeg	[overspəl pleəχ]
geloso (agg)	jaloers	[jalurs]
essere geloso	jaloers wees	[jalurs veəs]
divorzio (m)	egskeiding	[ɛχskæjdiŋ]
divorziare (vi)	skei	[skæj]
litigare (vi)	baklei	[baklæj]
fare pace	versoen	[fersun]
insieme	saam	[sām]
sesso (m)	seks	[seks]
felicità (f)	geluk	[χeluk]
felice (agg)	gelukkig	[χelukkəχ]
disgrazia (f)	ongeluk	[onχəluk]
infelice (agg)	ongelukkig	[onχəlukkəχ]

Personalità. Sentimenti. Emozioni

58. Sentimenti. Emozioni

sentimento (m)	gevoel	[χeful]
sentimenti (m pl)	gevoelens	[χefulɛŋs]
sentire (vt)	voel	[ful]
fame (f)	honger	[hoŋər]
avere fame	honger wees	[hoŋər veəs]
sete (f)	dors	[dors]
avere sete	dors wees	[dors veəs]
sonnolenza (f)	slaperigheid	[slaperiχæjt]
avere sonno	vaak voel	[fāk ful]
stanchezza (f)	moegheid	[muχæjt]
stanco (agg)	moeg	[muχ]
stancarsi (vr)	moeg word	[muχ vort]
umore (m) (buon ~)	stemming	[stɛmmiŋ]
noia (f)	verveling	[ferfeliŋ]
annoiarsi (vr)	verveeld wees	[ferveəlt veəs]
isolamento (f)	afsondering	[afsondəriŋ]
isolarsi (vr)	jou afsonder	[jæʊ afsondər]
preoccupare (vt)	bekommerd maak	[bekommərt māk]
essere preoccupato	bekommerd wees	[bekommərt veəs]
agitazione (f)	kommerwekkend	[kommər·wɛkkent]
preoccupazione (f)	vrees	[freəs]
preoccupato (agg)	behep	[behep]
essere nervoso	senuweeagtig wees	[senuveə·aχteχ veəs]
andare in panico	paniekerig raak	[panikerəχ rāk]
speranza (f)	hoop	[hoəp]
sperare (vi, vt)	hoop	[hoəp]
certezza (f)	sekerheid	[sekərhæjt]
sicuro (agg)	seker	[sekər]
incertezza (f)	onsekerheid	[ɔŋsekərhæjt]
incerto (agg)	onseker	[ɔŋsekər]
ubriaco (agg)	dronk	[dronk]
sobrio (agg)	nugter	[nuχtər]
debole (agg)	swak	[swak]
fortunato (agg)	gelukkig	[χelukkəχ]
spaventare (vt)	bang maak	[baŋ māk]
furia (f)	kwaadheid	[kwādhæjt]
rabbia (f)	woede	[vudə]
depressione (f)	depressie	[deprɛssi]
disagio (m)	ongemak	[onχəmak]

conforto (m)	gemak	[χemak]
rincrescere (vi)	jammer wees	[jammər veəs]
rincrescimento (m)	spyt	[spajt]
sfortuna (f)	teëspoed	[teɛsput]
tristezza (f)	droefheid	[drufhæjt]

vergogna (f)	skaamte	[skãmtə]
allegria (f)	vreugde	[frøəχdə]
entusiasmo (m)	entoesiasme	[ɛntusiasmə]
entusiasta (m)	entoesiasties	[ɛntusiastis]
mostrare entusiasmo	begeestering toon	[beχeəsteriŋ toən]

59. Personalità. Carattere

carattere (m)	karakter	[karaktər]
difetto (m)	karakterfout	[karaktər·fæʊt]
mente (f)	verstand	[ferstant]
intelletto (m)	verstand	[ferstant]

coscienza (f)	gewete	[χevetə]
abitudine (f)	gewoonte	[χevoentə]
capacità (f)	talent	[talent]
sapere (~ nuotare)	kan	[kan]

paziente (agg)	geduldig	[χeduldəχ]
impaziente (agg)	ongeduldig	[onχəduldəχ]
curioso (agg)	nuuskierig	[nɪskirəχ]
curiosità (f)	nuuskierigheid	[nɪskiriχæjt]

modestia (f)	beskeidenheid	[beskæjdenhæjt]
modesto (agg)	beskeie	[beskæjə]
immodesto (agg)	onbeskeie	[onbeskæjə]

pigrizia (f)	luiheid	[lœihæjt]
pigro (agg)	lui	[lœi]
poltrone (m)	luiaard	[lœiãrt]

furberia (f)	sluheid	[sluhæjt]
furbo (agg)	slu	[slu]
diffidenza (f)	wantroue	[vantræʊə]
diffidente (agg)	agterdogtig	[aχtərdoχtəχ]

generosità (f)	gulheid	[χulhæjt]
generoso (agg)	gulhartig	[χulhartəχ]
di talento	talentvol	[talentfol]
talento (m)	talent	[talent]

coraggioso (agg)	moedig	[mudəχ]
coraggio (m)	moed	[mut]
onesto (agg)	eerlik	[eərlik]
onestà (f)	eerlikheid	[eərlikhæjt]

| prudente (agg) | versigtig | [fersiχtəχ] |
| valoroso (agg) | dapper | [dappər] |

| serio (agg) | ernstig | [ɛrnstəχ] |
| severo (agg) | streng | [streŋ] |

deciso (agg)	vasberade	[fasberadə]
indeciso (agg)	besluiteloos	[beslœiteloəs]
timido (agg)	skaam	[skãm]
timidezza (f)	skaamheid	[skãmhæjt]

fiducia (f)	vertroue	[fertræʊə]
fidarsi (vr)	vertrou	[fertræʊ]
fiducioso (agg)	goedgelowig	[χudχəlovəχ]

sinceramente	opreg	[opreχ]
sincero (agg)	opregte	[opreχtə]
sincerità (f)	opregtheid	[opreχthæjt]
aperto (agg)	oop	[oəp]

tranquillo (agg)	kalm	[kalm]
sincero (agg)	openhartig	[openhartəχ]
ingenuo (agg)	naïef	[naïef]
distratto (agg)	verstrooid	[ferstrojt]
buffo (agg)	snaaks	[snãks]

avidità (f)	hebsug	[hebsuχ]
avido (agg)	hebsugtig	[hebsuχtəχ]
avaro (agg)	gierig	[χirəχ]
cattivo (agg)	boos	[boəs]
testardo (agg)	hardnekkig	[hardnɛkkəχ]
antipatico (agg)	onaangenaam	[onãnχənãm]

egoista (m)	selfsugtig	[sɛlfsuχtəχ]
egoistico (agg)	selfsugtig	[sɛlfsuχtəχ]
codardo (m)	laffaard	[laffãrt]
codardo (agg)	lafhartig	[lafhartəχ]

60. Dormire. Sogni

dormire (vi)	slaap	[slãp]
sonno (m) (stato di sonno)	slaap	[slãp]
sogno (m)	droom	[droəm]
sognare (fare sogni)	droom	[droəm]
sonnolento (agg)	vaak	[fãk]

letto (m)	bed	[bet]
materasso (m)	matras	[matras]
coperta (f)	kombers	[kombers]
cuscino (m)	kussing	[kussiŋ]
lenzuolo (m)	laken	[laken]

insonnia (f)	slaaploosheid	[slãploəshæjt]
insonne (agg)	slaaploos	[slãploəs]
sonnifero (m)	slaappil	[slãp·pil]
avere sonno	vaak voel	[fãk ful]
sbadigliare (vi)	gaap	[χãp]

andare a letto	gaan slaap	[χān slāp]
fare il letto	die bed opmaak	[di bet opmāk]
addormentarsi (vr)	aan die slaap raak	[ān di slāp rāk]

incubo (m)	nagmerrie	[naχmerri]
russare (m)	gesnork	[χesnork]
russare (vi)	snork	[snork]

sveglia (f)	wekker	[vɛkkər]
svegliare (vt)	wakker maak	[vakkər māk]
svegliarsi (vr)	wakker word	[vakkər vort]
alzarsi (vr)	opstaan	[opstān]
lavarsi (vr)	jou was	[jæʊ vas]

61. Umorismo. Risata. Felicità

umorismo (m)	humor	[humor]
senso (m) dello humour	humorsin	[humorsin]
divertirsi (vr)	jouself geniet	[jæʊsɛlf χenit]
allegro (agg)	vrolik	[frolik]
allegria (f)	pret	[pret]

sorriso (m)	glimlag	[χlimlaχ]
sorridere (vi)	glimlag	[χlimlaχ]
mettersi a ridere	begin lag	[beχin laχ]
ridere (vi)	lag	[laχ]
riso (m)	lag	[laχ]

aneddoto (m)	anekdote	[anekdotə]
divertente (agg)	snaaks	[snāks]
ridicolo (agg)	snaaks	[snāks]

scherzare (vi)	grappies maak	[χrappis māk]
scherzo (m)	grappie	[χrappi]
gioia (f) (fare salti di ~)	vreugde	[frøəχdə]
rallegrarsi (vr)	bly wees	[blaj veəs]
allegro (agg)	bly	[blaj]

62. Discussione. Conversazione. Parte 1

comunicazione (f)	kommunikasie	[kommunikasi]
comunicare (vi)	kommunikeer	[kommunikeər]

conversazione (f)	gesprek	[χesprek]
dialogo (m)	dialoog	[dialoəχ]
discussione (f)	diskussie	[diskussi]
dibattito (m)	dispuut	[dispɪt]
discutere (vi)	debatteer	[dəbatteər]

interlocutore (m)	gespreksgenoot	[χespreks·χenoət]
tema (m)	onderwerp	[ondərwerp]
punto (m) di vista	standpunt	[stand·puɪ̃t]

| opinione (f) | opinie | [opini] |
| discorso (m) | toespraak | [tusprāk] |

discussione (f)	bespreking	[besprekiŋ]
discutere (~ una proposta)	bespreek	[bespreek]
conversazione (f)	gesprek	[χesprek]
conversare (vi)	gesels	[χesɛls]
incontro (m)	ontmoeting	[ontmutiŋ]
incontrarsi (vr)	ontmoet	[ontmut]

proverbio (m)	spreekwoord	[spreek·woərt]
detto (m)	gesegde	[χeseχdə]
indovinello (m)	raaisel	[rājsəl]
parola (f) d'ordine	wagwoord	[vaχ·woərt]
segreto (m)	geheim	[χəhæjm]

giuramento (m)	eed	[eət]
giurare (prestare giuramento)	sweer	[sweər]
promessa (f)	belofte	[beloftə]
promettere (vt)	beloof	[beloəf]

consiglio (m)	raad	[rāt]
consigliare (vt)	aanraai	[ānrāi]
seguire il consiglio	raad volg	[rāt folχ]
ubbidire (ai genitori)	luister na	[lœistər na]

notizia (f)	nuus	[nɪs]
sensazione (f)	sensasie	[sɛŋsasi]
informazioni (f pl)	inligting	[inliχtiŋ]
conclusione (f)	slotsom	[slotsom]
voce (f)	stem	[stem]
complimento (m)	kompliment	[kompliment]
gentile (agg)	gaaf	[χāf]

parola (f)	woord	[voərt]
frase (f)	frase	[frasə]
risposta (f)	antwoord	[antwoərt]

| verità (f) | waarheid | [vārhæjt] |
| menzogna (f) | leuen | [løəen] |

pensiero (m)	gedagte	[χedaχtə]
idea (f)	idee	[ideə]
fantasia (f)	verbeelding	[ferbeəldiŋ]

63. Discussione. Conversazione. Parte 2

rispettato (agg)	gerespekteer	[χerespekteər]
rispettare (vt)	respekteer	[respekteər]
rispetto (m)	respek	[respek]
Egregio ...	Geagte ...	[χeaχtə ...]

| presentare (~ qn) | voorstel | [foərstəl] |
| fare la conoscenza di ... | kennismaak | [kɛnnismāk] |

intenzione (f)	voorneme	[foərnemə]
avere intenzione	voornemens wees	[foərnemɛŋs veəs]
augurio (m)	wens	[vɛŋs]
augurare (vt)	wens	[vɛŋs]

sorpresa (f)	verrassing	[ferrassiŋ]
sorprendere (stupire)	verras	[ferras]
stupirsi (vr)	verbaas wees	[ferbās veəs]

dare (vt)	gee	[χeə]
prendere (vt)	vat	[fat]
rendere (vt)	teruggee	[teruχeə]
restituire (vt)	terugvat	[teruχfat]

scusarsi (vr)	verskoning vra	[ferskoniŋ fra]
scusa (f)	verskoning	[ferskoniŋ]
perdonare (vt)	vergewe	[ferχevə]

parlare (vi, vt)	praat	[prāt]
ascoltare (vi)	luister	[lœistər]
ascoltare fino in fondo	aanhoor	[ānhoər]
capire (vt)	verstaan	[ferstān]
mostrare (vt)	wys	[vajs]
guardare (vt)	kyk na ...	[kajk na ...]
chiamare (rivolgersi a)	roep	[rup]
dare fastidio	aflei	[aflæj]
disturbare (vt)	steur	[støər]
consegnare (vt)	deurgee	[døərχeə]

richiesta (f)	versoek	[fersuk]
chiedere (vt)	versoek	[fersuk]
esigenza (f)	eis	[æjs]
esigere (vt)	eis	[æjs]

stuzzicare (vt)	terg	[terχ]
canzonare (vt)	terg	[terχ]
burla (f), beffa (f)	spot	[spot]
soprannome (m)	bynaam	[bajnām]

allusione (f)	sinspeling	[sinspeliŋ]
alludere (vi)	sinspeel	[sinspeəl]
intendere (cosa intendi dire?)	impliseer	[impliseər]

descrizione (f)	beskrywing	[beskrajviŋ]
descrivere (vt)	beskryf	[beskrajf]
lode (f)	lof	[lof]
lodare (vt)	loof	[loəf]

delusione (f)	teleurstelling	[teløərstɛlliŋ]
deludere (vt)	teleurstel	[teløərstəl]
rimanere deluso	teleurgestel	[teløərχestəl]

supposizione (f)	veronderstelling	[feronderstɛlliŋ]
supporre (vt)	veronderstel	[feronderstəl]
avvertimento (m)	waarskuwlny	[vārskuviŋ]
avvertire (vt)	waarsku	[vārsku]

64. Discussione. Conversazione. Parte 3

persuadere (vt)	ompraat	[omprãt]
tranquillizzare (vt)	kalmeer	[kalmeer]

silenzio (m) (il ~ è d'oro)	stilte	[stiltə]
tacere (vi)	stilbly	[stilblaj]
sussurrare (vt)	fluister	[flœistər]
sussurro (m)	gefluister	[xeflœistər]

francamente	openlik	[openlik]
secondo me ...	volgens my ...	[folχɛŋs maj ...]

dettaglio (m)	besonderhede	[besondərhedə]
dettagliato (agg)	gedetailleerd	[xedetajlleərt]
dettagliatamente	in detail	[in detajl]
suggerimento (m)	wenk	[vɛnk]

sguardo (m)	kykie	[kajki]
gettare uno sguardo	kyk	[kajk]
fisso (agg)	strak	[strak]
battere le palpebre	knipper	[knippər]
ammiccare (vi)	knipoog	[knipoeχ]
accennare col capo	knik	[knik]

sospiro (m)	sug	[suχ]
sospirare (vi)	sug	[suχ]
sussultare (vi)	huiwer	[hœivər]
gesto (m)	gebaar	[xebãr]
toccare (~ il braccio)	aanraak	[ãnrãk]
afferrare (~ per il braccio)	vat	[fat]
picchiettare (~ la spalla)	op die skouer tik	[op di skæʊər tik]

Attenzione!	Oppas!	[oppas!]
Davvero?	Regtig?	[reχtəχ?]
Sei sicuro?	Is jy seker?	[is jaj sekər?]
Buona fortuna!	Voorspoed!	[foərspud!]
Capito!	Ek sien!	[ɛk sin!]
Peccato!	Jammer!	[jammər!]

65. Accordo. Rifiuto

accordo (m)	toelating	[tulatiŋ]
essere d'accordo	toelaat	[tulãt]
approvazione (f)	goedkeuring	[χudkøəriŋ]
approvare (vt)	goedkeur	[χudkøər]
rifiuto (m)	weiering	[væjeriŋ]
rifiutarsi (vr)	weier	[væjer]

Perfetto!	Wonderlik!	[vondərlik!]
Va bene!	Goed!	[χud!]
D'accordo!	OK!	[okej!]
vietato, proibito (agg)	verbode	[ferbodə]

è proibito	dit is verbode	[dit is ferbodə]
è impossibile	dis onmoontlik	[dis onmoentlik]
sbagliato (agg)	onjuis	[onjœis]

respingere (~ una richiesta)	verwerp	[ferwerp]
sostenere (~ un'idea)	steun	[støən]
accettare (vt)	aanvaar	[ānfār]

confermare (vt)	bevestig	[befestəχ]
conferma (f)	bevestiging	[befestəχiŋ]
permesso (m)	toelating	[tulatiŋ]
permettere (vt)	toelaat	[tulāt]
decisione (f)	besluit	[beslœit]
non dire niente	stilbly	[stilblaj]

condizione (f)	voorwaarde	[foərwārdə]
pretesto (m)	verskoning	[ferskoniŋ]
lode (f)	lof	[lof]
lodare (vt)	loof	[loəf]

66. Successo. Fortuna. Fiasco

successo (m)	sukses	[suksɛs]
con successo	suksesvol	[suksɛsfol]
ben riuscito (agg)	suksesvol	[suksɛsfol]

fortuna (f)	geluk	[χeluk]
Buona fortuna!	Voorspoed!	[foərspud!]
fortunato (giorno ~)	geluks-	[χeluks-]
fortunato (persona ~a)	gelukkig	[χelukkəχ]

fiasco (m)	mislukking	[mislukkiŋ]
disdetta (f)	teëspoed	[teɛsput]
sfortuna (f)	teëspoed	[teɛsput]
fallito (agg)	onsuksesvol	[ɔŋsuksɛsfol]
disastro (m)	katastrofe	[katastrofə]

orgoglio (m)	trots	[trots]
orgoglioso (agg)	trots	[trots]
essere fiero di ...	trots wees	[trots veəs]

vincitore (m)	wenner	[vɛnnər]
vincere (vi)	wen	[ven]
perdere (subire una sconfitta)	verloor	[ferloər]
tentativo (m)	probeerslag	[probeərslaχ]
tentare (vi)	probeer	[probeər]
chance (f)	kans	[kaŋs]

67. Dispute. Sentimenti negativi

| grido (m) | skreeu | [skriʊ] |
| gridare (vi) | skreeu | [skriʊ] |

mettersi a gridare	begin skreeu	[beχin skriʊ]
litigio (m)	rusie	[rusi]
litigare (vi)	baklei	[baklæj]
lite (f)	stryery	[strajeraj]
dare scandalo (litigare)	spektakel maak	[spektakəl māk]
conflitto (m)	konflik	[konflik]
fraintendimento (m)	misverstand	[misferstant]

insulto (m)	belediging	[beledəχiŋ]
insultare (vt)	beledig	[beledəχ]
offeso (agg)	beledig	[beledəχ]
offesa (f)	gekrenktheid	[χekrɛnkthæjt]
offendere (qn)	beledig	[beledəχ]
offendersi (vr)	gekrenk voel	[χekrɛnk ful]

indignazione (f)	verontwaardiging	[ferontwārdəχiŋ]
indignarsi (vr)	verontwaardig wees	[ferontwārdəχ veəs]
lamentela (f)	klag	[klaχ]
lamentarsi (vr)	kla	[kla]

scusa (f)	verskoning	[ferskoniŋ]
scusarsi (vr)	verskoning vra	[ferskoniŋ fra]
chiedere scusa	om verskoning vra	[om ferskoniŋ fra]

critica (f)	kritiek	[kritik]
criticare (vt)	kritiseer	[kritiseər]
accusa (f)	beskuldiging	[beskuldəχiŋ]
accusare (vt)	beskuldig	[beskuldəχ]

vendetta (f)	wraak	[vrāk]
vendicare (vt)	wreek	[vreək]
vendicarsi (vr)	wraak neem	[vrāk neəm]

disprezzo (m)	minagting	[minaχtiŋ]
disprezzare (vt)	minag	[minaχ]
odio (m)	haat	[hāt]
odiare (vt)	haat	[hāt]

nervoso (agg)	senuweeagtig	[senuveə·aχtəχ]
essere nervoso	senuweeagtig wees	[senuveə·aχtəχ veəs]
arrabbiato (agg)	kwaad	[kwāt]
fare arrabbiare	kwaad maak	[kwāt māk]

umiliazione (f)	vernedering	[fernedəriŋ]
umiliare (vt)	verneder	[fernedər]
umiliarsi (vr)	jouself verneder	[jæʊsɛlf fernedər]

shock (m)	skok	[skok]
scandalizzare (vt)	skok	[skok]

problema (m) (avere ~i)	probleme	[problemə]
spiacevole (agg)	onaangenaam	[onānχənām]

spavento (m), paura (f)	vrees	[freəs]
terribile (una tempesta ~)	verskriklik	[ferskriklik]
spaventoso (un racconto ~)	vreesaanjaend	[freəsānjaent]

| orrore (m) | afgryse | [afχrajsə] |
| orrendo (un crimine ~) | vreeslik | [freəslik] |

cominciare a tremare	begin beef	[beχin beəf]
piangere (vi)	huil	[hœil]
mettersi a piangere	begin huil	[beχin hœil]
lacrima (f)	traan	[trãn]

colpa (f)	skuld	[skult]
senso (m) di colpa	skuldgevoel	[skultχəful]
vergogna (f)	skande	[skandə]
protesta (f)	protes	[protes]
stress (m)	stres	[stres]

disturbare (vt)	steur	[støər]
essere arrabbiato	woedend wees	[vudent veəs]
arrabbiato (agg)	kwaad	[kwãt]
porre fine a ...	beëindig	[bɛɛindəχ]
(~ una relazione)		
rimproverare (vt)	sweer	[sweər]

spaventarsi (vr)	skrik	[skrik]
colpire (vt)	slaan	[slãn]
picchiarsi (vr)	baklei	[baklæj]

regolare (~ un conflitto)	besleg	[besleχ]
scontento (agg)	ontevrede	[ontefredə]
furioso (agg)	woedend	[vudent]

| Non sta bene! | Dis nie goed nie! | [dis ni χut ni!] |
| Fa male! | Dis sleg! | [dis sleχ!] |

Medicinali

68. Malattie

malattia (f)	siekte	[siktə]
essere malato	siek wees	[sik veəs]
salute (f)	gesondheid	[xesonthæjt]

raffreddore (m)	loopneus	[loəpnøəs]
tonsillite (f)	keelontsteking	[keəl·ontstekiŋ]
raffreddore (m)	verkoue	[ferkæuə]

bronchite (f)	bronchitis	[bronχitis]
polmonite (f)	longontsteking	[loŋ·ontstekiŋ]
influenza (f)	griep	[χrip]

miope (agg)	bysiende	[bajsində]
presbite (agg)	versiende	[fersində]
strabismo (m)	skeelheid	[skeəlhæjt]
strabico (agg)	skeel	[skeəl]
cateratta (f)	katarak	[katarak]
glaucoma (m)	gloukoom	[χlæukoəm]

ictus (m) cerebrale	beroerte	[berurtə]
attacco (m) di cuore	hartaanval	[hart·ānfal]
infarto (m) miocardico	hartinfark	[hart·infark]
paralisi (f)	verlamming	[ferlammiŋ]
paralizzare (vt)	verlam	[ferlam]

allergia (f)	allergie	[allerχi]
asma (f)	asma	[asma]
diabete (m)	suikersiekte	[sœikər·siktə]

| mal (m) di denti | tandpyn | [tand·pajn] |
| carie (f) | tandbederf | [tand·bederf] |

diarrea (f)	diarree	[diarreə]
stitichezza (f)	hardlywigheid	[hardlajviχæjt]
disturbo (m) gastrico	maagongesteldheid	[māχ·oŋəstɛldhæjt]
intossicazione (f) alimentare	voedselvergiftiging	[fudsəl·ferχiftəχiŋ]
intossicarsi (vr)	voedselvergiftiging kry	[fudsəl·ferχiftəχiŋ kraj]

artrite (f)	artritis	[artritis]
rachitide (f)	Engelse siekte	[ɛŋəlsə siktə]
reumatismo (m)	reumatiek	[røəmatik]
aterosclerosi (f)	artrosklerose	[artrosklerosə]

gastrite (f)	maagontsteking	[māχ·ontstekiŋ]
appendicite (f)	blindedermontsteking	[blindəderm·ontstekiŋ]
colecistite (f)	galblaasontsteking	[χalblās·ontstekiŋ]

ulcera (f)	maagsweer	[mãχsweər]
morbillo (m)	masels	[masɛls]
rosolia (f)	Duitse masels	[dœitsə masɛls]
itterizia (f)	geelsug	[χeəlsuχ]
epatite (f)	hepatitis	[hepatitis]

schizofrenia (f)	skisofrenie	[skisofreni]
rabbia (f)	hondsdolheid	[hondsdolhæjt]
nevrosi (f)	neurose	[nøərosə]
commozione (f) cerebrale	harsingskudding	[harsiŋ·skuddiŋ]

cancro (m)	kanker	[kankər]
sclerosi (f)	sklerose	[sklerosə]
sclerosi (f) multipla	veelvuldige sklerose	[feəlfuldiχə sklerosə]

alcolismo (m)	alkoholisme	[alkoholismə]
alcolizzato (m)	alkoholikus	[alkoholikus]
sifilide (f)	sifilis	[sifilis]
AIDS (m)	VIGS	[vigs]

tumore (m)	tumor	[tumor]
maligno (agg)	kwaadaardig	[kwādārdəχ]
benigno (agg)	goedaardig	[χudārdəχ]

febbre (f)	koors	[koərs]
malaria (f)	malaria	[malaria]
cancrena (f)	gangreen	[χanχreən]
mal (m) di mare	seesiekte	[seə·siktə]
epilessia (f)	epilepsie	[ɛpilepsi]

epidemia (f)	epidemie	[ɛpidemi]
tifo (m)	tifus	[tifus]
tubercolosi (f)	tuberkulose	[tuberkulosə]
colera (m)	cholera	[χolera]
peste (f)	pes	[pes]

69. Sintomi. Cure. Parte 1

sintomo (m)	simptoom	[simptoəm]
temperatura (f)	temperatuur	[temperatɪr]
febbre (f) alta	koors	[koərs]
polso (m)	polsslag	[pols·slaχ]

capogiro (m)	duiseligheid	[dœiseliχæjt]
caldo (agg)	warm	[varm]
brivido (m)	koue rillings	[kæʊə rilliŋs]
pallido (un viso ~)	bleek	[bleək]

tosse (f)	hoes	[hus]
tossire (vi)	hoes	[hus]
starnutire (vi)	nies	[nis]
svenimento (m)	floute	[flæʊtə]
svenire (vi)	flou word	[flæʊ vort]
livido (m)	blou kol	[blæʊ kol]

bernoccolo (m)	knop	[knop]
farsi un livido	stamp	[stamp]
contusione (f)	besering	[beseriŋ]

zoppicare (vi)	hink	[hink]
slogatura (f)	ontwrigting	[ontwriχtiŋ]
slogarsi (vr)	ontwrig	[ontwrəχ]
frattura (f)	breuk	[brøək]
fratturarsi (vr)	n breuk hê	[n brøək hɛ:]

taglio (m)	sny	[snaj]
tagliarsi (vr)	jouself sny	[jæusɛlf snaj]
emorragia (f)	bloeding	[bludiŋ]

| scottatura (f) | brandwond | [brant·vont] |
| scottarsi (vr) | jouself brand | [jæusɛlf brant] |

pungere (vt)	prik	[prik]
pungersi (vr)	jouself prik	[jæusɛlf prik]
ferire (vt)	seermaak	[seərmāk]
ferita (f)	besering	[beseriŋ]
lesione (f)	wond	[vont]
trauma (m)	trauma	[trɔuma]

delirare (vi)	yl	[ajl]
tartagliare (vi)	stotter	[stottər]
colpo (m) di sole	sonsteek	[sɔŋ·steək]

70. Sintomi. Cure. Parte 2

| dolore (m), male (m) | pyn | [pajn] |
| scheggia (f) | splinter | [splintər] |

sudore (m)	sweet	[sweət]
sudare (vi)	sweet	[sweət]
vomito (m)	braak	[brāk]
convulsioni (f pl)	stuiptrekkings	[stœip·trɛkkiŋs]

incinta (agg)	swanger	[swaŋər]
nascere (vi)	gebore word	[χeborə vort]
parto (m)	geboorte	[χeboərtə]
essere in travaglio di parto	baar	[bār]
aborto (m)	aborsie	[aborsi]

respirazione (f)	asemhaling	[asemhaliŋ]
inspirazione (f)	inaseming	[inasemiŋ]
espirazione (f)	uitaseming	[œitasemiŋ]
espirare (vi)	uitasem	[œitasem]
inspirare (vi)	inasem	[inasem]

invalido (m)	invalide	[infalidə]
storpio (m)	kreupel	[krøəpəl]
drogato (m)	dwelmslaaf	[dwɛlm·slāf]
sordo (agg)	doof	[doəf]

| muto (agg) | stom | [stom] |
| sordomuto (agg) | doofstom | [doəf·stom] |

matto (agg)	swaksinnig	[swaksinnəχ]
matto (m)	kranksinnige	[kranksinniχə]
matta (f)	kranksinnige	[kranksinniχə]
impazzire (vi)	kranksinnig word	[kranksinnəχ vort]

gene (m)	geen	[χeən]
immunità (f)	immuniteit	[immunitæjt]
ereditario (agg)	erflik	[ɛrflik]
innato (agg)	aangebore	[ānχəborə]

virus (m)	virus	[firus]
microbo (m)	mikrobe	[mikrobə]
batterio (m)	bakterie	[bakteri]
infezione (f)	infeksie	[infeksi]

71. Sintomi. Cure. Parte 3

| ospedale (m) | hospitaal | [hospitāl] |
| paziente (m) | pasiënt | [pasiɛnt] |

diagnosi (f)	diagnose	[diaχnosə]
cura (f)	genesing	[χenesiŋ]
trattamento (m)	mediese behandeling	[medisə behandəliŋ]
curarsi (vr)	behandeling kry	[behandəliŋ kraj]
curare (vt)	behandel	[behandəl]
accudire (un malato)	versorg	[fersorχ]
assistenza (f)	versorging	[fersorχiŋ]

operazione (f)	operasie	[operasi]
bendare (vt)	verbind	[ferbint]
fasciatura (f)	verband	[ferbant]
vaccinazione (f)	inenting	[inɛntiŋ]
vaccinare (vt)	inent	[inɛnt]
iniezione (f)	inspuiting	[inspœitiŋ]

attacco (m) (~ epilettico)	aanval	[ānfal]
amputazione (f)	amputasie	[amputasi]
amputare (vt)	amputeer	[amputeər]
coma (m)	koma	[koma]
rianimazione (f)	intensiewe sorg	[intɛnsivə sorχ]

guarire (vi)	herstel	[herstəl]
stato (f) (del paziente)	kondisie	[kondisi]
conoscenza (f)	bewussyn	[bevussajn]
memoria (f)	geheue	[χəhøə]

estrarre (~ un dente)	trek	[trek]
otturazione (f)	vulsel	[fulsəl]
otturare (vt)	vul	[ful]
ipnosi (f)	hipnose	[hipnosə]
ipnotizzare (vt)	hipnotiseer	[hipnotiseər]

72. Medici

medico (m)	dokter	[doktər]
infermiera (f)	verpleegster	[ferpleəx·stər]
medico (m) personale	lyfarts	[lajf·arts]
dentista (m)	tandarts	[tand·arts]
oculista (m)	oogarts	[oəx·arts]
internista (m)	internis	[internis]
chirurgo (m)	chirurg	[ʃirurx]
psichiatra (m)	psigiater	[psixiatər]
pediatra (m)	kinderdokter	[kindər·doktər]
psicologo (m)	sielkundige	[silkundixə]
ginecologo (m)	ginekoloog	[xinekoloəx]
cardiologo (m)	kardioloog	[kardioloəx]

73. Medicinali. Farmaci. Accessori

medicina (f)	medisyn	[medisajn]
rimedio (m)	geneesmiddel	[xeneəs·middəl]
prescrivere (vt)	voorskryf	[foərskrajf]
prescrizione (f)	voorskrif	[foərskrif]
compressa (f)	pil	[pil]
unguento (m)	salf	[salf]
fiala (f)	ampul	[ampul]
pozione (f)	mengsel	[meŋsəl]
sciroppo (m)	stroop	[stroəp]
pillola (f)	pil	[pil]
polverina (f)	poeier	[pujer]
benda (f)	verband	[ferbant]
ovatta (f)	watte	[vattə]
iodio (m)	iodium	[iodium]
cerotto (m)	pleister	[plæjstər]
contagocce (m)	oogdrupper	[oəx·druppər]
termometro (m)	termometer	[termometər]
siringa (f)	spuitnaald	[spœit·nãlt]
sedia (f) a rotelle	rolstoel	[rol·stul]
stampelle (f pl)	krukke	[krukkə]
analgesico (m)	pynstiller	[pajn·stillər]
lassativo (m)	lakseermiddel	[lakseər·middəl]
alcol (m)	spiritus	[spiritus]
erba (f) officinale	geneeskragtige kruie	[xeneəs·kraxtixə krœiə]
d'erbe (infuso ~)	kruie-	[krœie-]

74. Fumo. Prodotti di tabaccheria

tabacco (m)	tabak	[tabak]
sigaretta (f)	sigaret	[siχaret]
sigaro (m)	sigaar	[siχār]
pipa (f)	pyp	[pajp]
pacchetto (m) (di sigarette)	pakkie	[pakki]

fiammiferi (m pl)	vuurhoutjies	[fɪrhæʊkis]
scatola (f) di fiammiferi	vuurhoutjiedosie	[fɪrhæʊki·dosi]
accendino (m)	aansteker	[ānstekər]
portacenere (m)	asbak	[asbak]
portasigarette (m)	sigarethouer	[siχaret·hæʊər]

bocchino (m)	sigaretpypie	[siχaret·pajpi]
filtro (m)	filter	[filtər]

fumare (vi, vt)	rook	[roək]
accendere una sigaretta	aansteek	[ānsteək]
fumo (m)	rook	[roək]
fumatore (m)	roker	[rokər]

cicca (f), mozzicone (m)	stompie	[stompi]
fumo (m)	rook	[roək]
cenere (f)	as	[as]

HABITAT UMANO

Città

75. Città. Vita di città

città (f)	stad	[stat]
capitale (f)	hoofstad	[hoəf·stat]
villaggio (m)	dorp	[dorp]

mappa (f) della città	stadskaart	[stats·kãrt]
centro (m) della città	sentrum	[sentrum]
sobborgo (m)	voorstad	[foərstat]
suburbano (agg)	voorstedelik	[foərstedelik]

periferia (f)	buitewyke	[bœitəvajkə]
dintorni (m pl)	omgewing	[omχeviŋ]
isolato (m)	stadswyk	[stats·wajk]
quartiere residenziale	woonbuurt	[voənbɪrt]

traffico (m)	verkeer	[ferkeər]
semaforo (m)	robot	[robot]
trasporti (m pl) urbani	openbare vervoer	[openbarə ferfur]
incrocio (m)	kruispunt	[krœis·punt]

passaggio (m) pedonale	sebraoorgang	[sebra·oərχaŋ]
sottopassaggio (m)	voetgangertonnel	[futχaŋər·tonnəl]
attraversare (vt)	oorsteek	[oərsteək]
pedone (m)	voetganger	[futχaŋər]
marciapiede (m)	sypaadjie	[saj·pãdʒi]

ponte (m)	brug	[bruχ]
banchina (f)	wal	[val]
fontana (f)	fontein	[fontæjn]

vialetto (m)	laning	[laniŋ]
parco (m)	park	[park]
boulevard (m)	boulevard	[bulefar]
piazza (f)	plein	[plæjn]
viale (m), corso (m)	laan	[lãn]
via (f), strada (f)	straat	[strãt]
vicolo (m)	systraat	[saj·strãt]
vicolo (m) cieco	doodloopstraat	[doədloəp·strãt]

casa (f)	huis	[hœis]
edificio (m)	gebou	[χebæʊ]
grattacielo (m)	wolkekrabber	[volkə·krabbər]
facciata (f)	gewel	[χevəl]
tetto (m)	dak	[dak]

finestra (f)	venster	[fɛŋstər]
arco (m)	arkade	[arkadə]
colonna (f)	kolom	[kolom]
angolo (m)	hoek	[huk]

vetrina (f)	uitstalraam	[œitstalrãm]
insegna (f) (di negozi, ecc.)	reklamebord	[reklamə·bort]
cartellone (m)	plakkaat	[plakkãt]
cartellone (m) pubblicitario	reklameplakkaat	[reklamə·plakkãt]
tabellone (m) pubblicitario	aanplakbord	[ãnplakbort]

pattume (m), spazzatura (f)	vullis	[fullis]
pattumiera (f)	vullisbak	[fullis·bak]
sporcare (vi)	rommel strooi	[rommǝl stroj]
discarica (f) di rifiuti	vullishoop	[fullis·hoəp]

cabina (f) telefonica	telefoonhokkie	[telefoən·hokki]
lampione (m)	lamppaal	[lamp·pãl]
panchina (f)	bank	[bank]

poliziotto (m)	polisieman	[polisi·man]
polizia (f)	polisie	[polisi]
mendicante (m)	bedelaar	[bedelãr]
barbone (m)	daklose	[daklosə]

76. Servizi cittadini

negozio (m)	winkel	[vinkəl]
farmacia (f)	apteek	[apteək]
ottica (f)	optisiën	[optisiɛn]
centro (m) commerciale	winkelsentrum	[vinkəl·sentrum]
supermercato (m)	supermark	[supermark]

panetteria (f)	bakkery	[bakkeraj]
fornaio (m)	bakker	[bakkər]
pasticceria (f)	banketbakkery	[banket·bakkeraj]
drogheria (f)	kruidenierswinkel	[krœidenirs·vinkəl]
macelleria (f)	slagter	[slaχtər]

| fruttivendolo (m) | groentewinkel | [χruntə·vinkəl] |
| mercato (m) | mark | [mark] |

caffè (m)	koffiekroeg	[koffi·kruχ]
ristorante (m)	restaurant	[restourant]
birreria (f), pub (m)	kroeg	[kruχ]
pizzeria (f)	pizzeria	[pizzeria]

salone (m) di parrucchiere	haarsalon	[hãr·salon]
ufficio (m) postale	poskantoor	[pos·kantoər]
lavanderia (f) a secco	droogskoonmakers	[droəχ·skoən·makers]
studio (m) fotografico	fotostudio	[foto·studio]

| negozio (m) di scarpe | skoenwinkel | [skun·vinkəl] |
| libreria (f) | boekhandel | [buk·handəl] |

negozio (m) sportivo	sportwinkel	[sport·vinkəl]
riparazione (f) di abiti	klereherstelwinkel	[klerə·herstəl·vinkəl]
noleggio (m) di abiti	klereverhuurwinkel	[klerə·ferhɪr·vinkəl]
noleggio (m) di film	videowinkel	[video·vinkəl]

circo (m)	sirkus	[sirkus]
zoo (m)	dieretuin	[dirə·tœin]
cinema (m)	bioskoop	[bioskoəp]
museo (m)	museum	[musøəm]
biblioteca (f)	biblioteek	[bibliotek]

teatro (m)	teater	[teatər]
teatro (m) dell'opera	opera	[opera]
locale notturno (m)	nagklub	[naχ·klup]
casinò (m)	kasino	[kasino]

moschea (f)	moskee	[moskeə]
sinagoga (f)	sinagoge	[sinaχoχə]
cattedrale (f)	katedraal	[katedrӓl]
tempio (m)	tempel	[tempəl]
chiesa (f)	kerk	[kerk]

istituto (m)	kollege	[kolledӡ]
università (f)	universiteit	[unifersitæjt]
scuola (f)	skool	[skoəl]

prefettura (f)	stadhuis	[stat·hœis]
municipio (m)	stadhuis	[stat·hœis]
albergo, hotel (m)	hotel	[hotəl]
banca (f)	bank	[bank]

ambasciata (f)	ambassade	[ambassadə]
agenzia (f) di viaggi	reisagentskap	[ræjs·aχentskap]
ufficio (m) informazioni	inligtingskantoor	[inliχtiŋs·kantoər]
ufficio (m) dei cambi	wisselkantoor	[vissəl·kantoər]

metropolitana (f)	metro	[metro]
ospedale (m)	hospitaal	[hospitӓl]

distributore (m) di benzina	petrolstasie	[petrol·stasi]
parcheggio (m)	parkeerterrein	[parkeər·terræjn]

77. Mezzi pubblici in città

autobus (m)	bus	[bus]
tram (m)	trem	[trem]
filobus (m)	trembus	[trembus]
itinerario (m)	busroete	[bus·rutə]
numero (m)	nommer	[nommər]

andare in ...	ry per ...	[raj per ...]
salire (~ sull'autobus)	inklim	[inklim]
scendere da ...	uitklim ...	[œitklim ...]
fermata (f) (~ dell'autobus)	halte	[haltə]

prossima fermata (f)	volgende halte	[folχendə haltə]
capolinea (m)	eindpunt	[æjnd·punt]
orario (m)	diensrooster	[diŋs·roəstər]
aspettare (vt)	wag	[vaχ]

biglietto (m)	kaartjie	[kārki]
prezzo (m) del biglietto	reistarief	[ræjs·tarif]

cassiere (m)	kaartjieverkoper	[kārki·ferkopər]
controllo (m) dei biglietti	kaartjiekontrole	[kārki·kontrolə]
bigliettaio (m)	kontroleur	[kontroløər]

essere in ritardo	laat wees	[lāt veəs]
perdere (~ il treno)	mis	[mis]
avere fretta	haastig wees	[hāstəχ veəs]

taxi (m)	taxi	[taksi]
taxista (m)	taxibestuurder	[taksi·bestɪrdər]
in taxi	per taxi	[pər taksi]
parcheggio (m) di taxi	taxistaanplek	[taksi·stānplek]

traffico (m)	verkeer	[ferkeər]
ingorgo (m)	verkeersknoop	[ferkeərs·knoəp]
ore (f pl) di punta	spitsuur	[spits·ɪr]
parcheggiarsi (vr)	parkeer	[parkeər]
parcheggiare (vt)	parkeer	[parkeər]
parcheggio (m)	parkeerterrein	[parkeər·terræjn]

metropolitana (f)	metro	[metro]
stazione (f)	stasie	[stasi]
prendere la metropolitana	die metro vat	[di metro fat]
treno (m)	trein	[træjn]
stazione (f) ferroviaria	treinstasie	[træjn·stasi]

78. Visita turistica

monumento (m)	monument	[monument]
fortezza (f)	fort	[fort]
palazzo (m)	paleis	[palæjs]
castello (m)	kasteel	[kasteəl]
torre (f)	toring	[toriŋ]
mausoleo (m)	mausoleum	[mɔusoløəm]

architettura (f)	argitektuur	[arχitektɪr]
medievale (agg)	Middeleeus	[middeliʊs]
antico (agg)	oud	[æʊt]
nazionale (agg)	nasionaal	[naʃionāl]
famoso (agg)	bekend	[bekent]

turista (m)	toeris	[turis]
guida (f)	gids	[χids]
escursione (f)	uitstappie	[œitstappi]
fare vedere	wys	[vajs]
raccontare (vt)	vertel	[fertəl]

trovare (vt)	vind	[fint]
perdersi (vr)	verdwaal	[ferdwãl]
mappa (f) (~ della metropolitana)	kaart	[kãrt]
piantina (f) (~ della città)	kaart	[kãrt]

souvenir (m)	aandenking	[ãndenkiŋ]
negozio (m) di articoli da regalo	geskenkwinkel	[xeskɛnk·vinkəl]
fare foto	fotografeer	[fotoχrafeər]
fotografarsi	jou portret laat maak	[jæʊ portret lãt mãk]

79. Acquisti

comprare (vt)	koop	[koəp]
acquisto (m)	aankoop	[ãnkoəp]
fare acquisti	inkopies doen	[inkopis dun]
shopping (m)	inkoop	[inkoəp]

essere aperto (negozio)	oop wees	[oəp veəs]
essere chiuso	toe wees	[tu veəs]

calzature (f pl)	skoeisel	[skuisəl]
abbigliamento (m)	klere	[klerə]
cosmetica (f)	kosmetika	[kosmetika]
alimentari (m pl)	voedingsware	[fudiŋs·warə]
regalo (m)	present	[present]

commesso (m)	verkoper	[ferkopər]
commessa (f)	verkoopsdame	[ferkoəps·damə]
cassa (f)	kassier	[kassir]
specchio (m)	spieël	[spiɛl]
banco (m)	toonbank	[toən·bank]
camerino (m)	paskamer	[pas·kamər]

provare (~ un vestito)	aanpas	[ãnpas]
stare bene (vestito)	pas	[pas]
piacere (vi)	hou van	[hæʊ fan]

prezzo (m)	prys	[prajs]
etichetta (f) del prezzo	pryskaartjie	[prajs·kãrki]
costare (vt)	kos	[kos]
Quanto?	Hoeveel?	[hufeəl?]
sconto (m)	afslag	[afslaχ]

no muy caro (agg)	billik	[billik]
a buon mercato	goedkoop	[χudkoəp]
caro (agg)	duur	[dɪr]
È caro	dis duur	[dis dɪr]

noleggio (m)	verhuur	[ferhɪr]
noleggiare (~ un abito)	verhuur	[ferhɪr]
credito (m)	krediet	[kredit]
a credito	op krediet	[op kredit]

80. Denaro

soldi (m pl)	geld	[χɛlt]
cambio (m)	valutaruil	[faluta·rœil]
corso (m) di cambio	wisselkoers	[vissəl·kurs]
bancomat (m)	OTM	[o·te·em]
moneta (f)	muntstuk	[muntstuk]
dollaro (m)	dollar	[dollar]
euro (m)	euro	[øəro]
lira (f)	lira	[lira]
marco (m)	Duitse mark	[dœitsə mark]
franco (m)	frank	[frank]
sterlina (f)	pond sterling	[pont sterliŋ]
yen (m)	yen	[jɛn]
debito (m)	skuld	[skult]
debitore (m)	skuldenaar	[skuldenãr]
prestare (~ i soldi)	uitleen	[œitleən]
prendere in prestito	leen	[leən]
banca (f)	bank	[bank]
conto (m)	rekening	[rekeniŋ]
versare (vt)	deponeer	[deponeər]
prelevare dal conto	trek	[trek]
carta (f) di credito	kredietkaart	[kredit·kãrt]
contanti (m pl)	kontant	[kontant]
assegno (m)	tjek	[tʃek]
libretto (m) di assegni	tjekboek	[tʃek·buk]
portafoglio (m)	beursie	[bøərsi]
borsellino (m)	muntstukbeursie	[muntstuk·bøərsi]
cassaforte (f)	brandkas	[brant·kas]
erede (m)	erfgenaam	[ɛrfχənãm]
eredità (f)	erfenis	[ɛrfenis]
fortuna (f)	fortuin	[fortœin]
affitto (m), locazione (f)	huur	[hɪr]
canone (m) d'affitto	huur	[hɪr]
affittare (dare in affitto)	huur	[hɪr]
prezzo (m)	prys	[prajs]
costo (m)	prys	[prajs]
somma (f)	som	[som]
spendere (vt)	spandeer	[spandeər]
spese (f pl)	onkoste	[onkostə]
economizzare (vi, vt)	besuinig	[besœinəχ]
economico (agg)	ekonomies	[ɛkonomis]
pagare (vi, vt)	betaal	[betãl]
pagamento (m)	betaling	[betaliŋ]

resto (m) (dare il ~)	wisselgeld	[vissəl·χεlt]
imposta (f)	belasting	[belastiŋ]
multa (f), ammenda (f)	boete	[butə]
multare (vt)	beboet	[bebut]

81. Posta. Servizio postale

ufficio (m) postale	poskantoor	[pos·kantoər]
posta (f) (lettere, ecc.)	pos	[pos]
postino (m)	posbode	[pos·bodə]
orario (m) di apertura	besigheidsure	[besiχæjts·urə]
lettera (f)	brief	[brif]
raccomandata (f)	geregistreerde brief	[χereχistreərdə brif]
cartolina (f)	poskaart	[pos·kãrt]
telegramma (m)	telegram	[teleχram]
pacco (m) postale	pakkie	[pakki]
vaglia (m) postale	geldoorplasing	[χεld·oərplasiŋ]
ricevere (vt)	ontvang	[ontfaŋ]
spedire (vt)	stuur	[stɪr]
invio (m)	versending	[fersendiŋ]
indirizzo (m)	adres	[adres]
codice (m) postale	poskode	[pos·kodə]
mittente (m)	sender	[sendər]
destinatario (m)	ontvanger	[ontfaŋər]
nome (m)	voornaam	[foərnãm]
cognome (m)	van	[fan]
tariffa (f)	postarief	[pos·tarif]
ordinario (agg)	standaard	[standãrt]
standard (agg)	ekonomies	[εkonomis]
peso (m)	gewig	[χevəχ]
pesare (vt)	weeg	[veəχ]
busta (f)	koevert	[kufert]
francobollo (m)	posseël	[pos·seεl]

Abitazione. Casa

82. Casa. Abitazione

casa (f)	huis	[hœis]
a casa	tuis	[tœis]
cortile (m)	werf	[verf]
recinto (m)	omheining	[omhæjniŋ]
mattone (m)	baksteen	[baksteən]
di mattoni	baksteen-	[baksteən-]
pietra (f)	klip	[klip]
di pietra	klip-	[klip-]
beton (m)	beton	[beton]
di beton	beton-	[beton-]
nuovo (agg)	nuut	[nɪt]
vecchio (agg)	ou	[æʊ]
fatiscente (edificio ~)	vervalle	[ferfallə]
moderno (agg)	moderne	[modernə]
a molti piani	multiverdieping-	[multi·ferdipiŋ-]
alto (agg)	hoë	[hoɛ]
piano (m)	verdieping	[ferdipiŋ]
di un piano	enkelverdieping	[ɛnkəl·ferdipiŋ]
pianoterra (m)	eerste verdieping	[eərstə ferdipiŋ]
ultimo piano (m)	boonste verdieping	[boəŋstə verdipiŋ]
tetto (m)	dak	[dak]
ciminiera (f)	skoorsteen	[skoərsteən]
tegola (f)	dakteëls	[dakteɛls]
di tegole	geteël	[χeteɛl]
soffitta (f)	solder	[soldər]
finestra (f)	venster	[fɛŋstər]
vetro (m)	glas	[χlas]
davanzale (m)	vensterbank	[fɛŋstər·bank]
imposte (f pl)	luik	[lœik]
muro (m)	muur	[mɪr]
balcone (m)	balkon	[balkon]
tubo (m) pluviale	reënpyp	[reɛn·pajp]
su, di sopra	bo	[bo]
andare di sopra	boontoe gaan	[boentu χān]
scendere (vi)	afkom	[afkom]
trasferirsi (vr)	verhuis	[ferhœis]

79

83. Casa. Ingresso. Ascensore

entrata (f)	ingang	[inχaŋ]
scala (f)	trap	[trap]
gradini (m pl)	treetjies	[treəkis]
ringhiera (f)	leuning	[løəniŋ]
hall (f) (atrio d'ingresso)	voorportaal	[foər·portāl]

cassetta (f) della posta	posbus	[pos·bus]
secchio (m) della spazzatura	vullisblik	[fullis·blik]
scivolo (m) per la spazzatura	vullisgeut	[fullis·χøət]

ascensore (m)	hysbak	[hajsbak]
montacarichi (m)	vraghysbak	[fraχ·hajsbak]
cabina (f) di ascensore	hysbak	[hajsbak]
prendere l'ascensore	hysbak neem	[hajsbak neəm]

appartamento (m)	woonstel	[voəŋstəl]
inquilini (m pl)	bewoners	[bevoners]
vicino (m)	buurman	[bɪrman]
vicina (f)	buurvrou	[bɪrfræʊ]
vicini (m pl)	bure	[burə]

84. Casa. Porte. Serrature

porta (f)	deur	[døər]
cancello (m)	hek	[hek]
maniglia (f)	deurknop	[døər·knop]

togliere il catenaccio	oopsluit	[oəpslœit]
aprire (vt)	oopmaak	[oəpmāk]
chiudere (vt)	sluit	[slœit]

chiave (f)	sleutel	[sløətəl]
mazzo (m)	bos	[bos]

cigolare (vi)	kraak	[krāk]
cigolio (m)	gekraak	[χekrāk]
cardine (m)	skarnier	[skarnir]
zerbino (m)	deurmat	[døər·mat]

serratura (f)	deurslot	[døər·slot]
buco (m) della serratura	sleutelgat	[sløətəl·χat]
chiavistello (m)	grendel	[χrendəl]
catenaccio (m)	deurknip	[døər·knip]
lucchetto (m)	hangslot	[haŋslot]

suonare (~ il campanello)	lui	[lœi]
suono (m)	gelui	[χelœi]
campanello (m)	deurklokkie	[døər·klokki]
pulsante (m)	belknoppie	[bɛl·knoppi]
bussata (f)	klop	[klop]
bussare (vi)	klop	[klop]

codice (m)	kode	[kodə]
serratura (f) a codice	kombinasieslot	[kombinasi·slot]
citofono (m)	interkom	[interkom]
numero (m) (~ civico)	nommer	[nommər]
targhetta (f) di porta	naambordjie	[nām·bordʒi]
spioncino (m)	loergaatjie	[lurχāki]

85. Casa di campagna

villaggio (m)	dorp	[dorp]
orto (m)	groentetuin	[χruntə·tœin]
recinto (m)	heining	[hæjniŋ]
steccato (m)	spitspaalheining	[spitspāl·hæjniŋ]
cancelletto (m)	tuinhekkie	[tœin·hɛkki]

granaio (m)	graanstoorplek	[χrāŋ·stoərplek]
cantina (f), scantinato (m)	wortelkelder	[vortəl·keldər]
capanno (m)	tuinhuisie	[tœin·hœisi]
pozzo (m)	waterput	[vatər·put]

stufa (f)	houtkaggel	[hæʊt·kaχχəl]
attizzare (vt)	die houtkaggel stook	[di hæʊt·kaχχəl stoək]
legna (f) da ardere	brandhout	[brant·hæʊt]
ciocco (m)	stomp	[stomp]

veranda (f)	stoep	[stup]
terrazza (f)	dek	[dek]
scala (f) d'ingresso	ingangstrappie	[inχaŋs·trappi]
altalena (f)	swaai	[swāi]

86. Castello. Reggia

castello (m)	kasteel	[kasteəl]
palazzo (m)	paleis	[palæjs]
fortezza (f)	fort	[fort]

muro (m)	ringmuur	[riŋ·mɪr]
torre (f)	toring	[toriŋ]
torre (f) principale	toring	[toriŋ]

saracinesca (f)	valhek	[falhek]
tunnel (m)	tonnel	[tonnəl]
fossato (m)	grag	[χraχ]

| catena (f) | ketting | [kɛttiŋ] |
| feritoia (f) | skietgat | [skitχat] |

| magnifico (agg) | pragtig | [praχtəχ] |
| maestoso (agg) | majestueus | [majestuøes] |

| inespugnabile (agg) | onneembaar | [onneəmbār] |
| medievale (agg) | Middeleeus | [middeliʊs] |

87. Appartamento

appartamento (m)	woonstel	[voəŋstəl]
camera (f), stanza (f)	kamer	[kamər]
camera (f) da letto	slaapkamer	[slāp·kamər]
sala (f) da pranzo	eetkamer	[eət·kamər]
salotto (m)	sitkamer	[sit·kamər]
studio (m)	studeerkamer	[studeər·kamər]

ingresso (m)	ingangsportaal	[inχaŋs·portāl]
bagno (m)	badkamer	[bad·kamər]
gabinetto (m)	toilet	[tojlet]

soffitto (m)	plafon	[plafon]
pavimento (m)	vloer	[flur]
angolo (m)	hoek	[huk]

88. Appartamento. Pulizie

| pulire (vt) | skoonmaak | [skoənmāk] |
| mettere via | bère | [bærə] |

polvere (f)	stof	[stof]
impolverato (agg)	stoffig	[stoffəχ]
spolverare (vt)	afstof	[afstof]
aspirapolvere (m)	stofsuier	[stof·sœiər]
passare l'aspirapolvere	stofsuig	[stofsœiχ]

spazzare (vi, vt)	vee	[feə]
spazzatura (f)	veegsel	[feəχsəl]
ordine (m)	orde	[ordə]
disordine (m)	wanorde	[vanordə]

frettazzo (m)	mop	[mop]
strofinaccio (m)	stoflap	[stoflap]
scopa (f)	kort besem	[kort besem]
paletta (f)	skoppie	[skoppi]

89. Arredamento. Interno

mobili (m pl)	meubels	[møəbɛls]
tavolo (m)	tafel	[tafel]
sedia (f)	stoel	[stul]
letto (m)	bed	[bet]
divano (m)	rusbank	[rusbank]
poltrona (f)	gemakstoel	[χemak·stul]

libreria (f)	boekkas	[buk·kas]
ripiano (m)	rak	[rak]
armadio (m)	klerekas	[klerə·kas]
attaccapanni (m) da parete	kapstok	[kapstok]

appendiabiti (m) da terra	kapstok	[kapstok]
comò (m)	laaikas	[lãjkas]
tavolino (m) da salotto	koffietafel	[koffi·tafəl]

specchio (m)	spieël	[spiɛl]
tappeto (m)	mat	[mat]
tappetino (m)	matjie	[maki]

camino (m)	vuurherd	[fɪr·hert]
candela (f)	kers	[kers]
candeliere (m)	kandelaar	[kandelãr]

tende (f pl)	gordyne	[χordajnə]
carta (f) da parati	muurpapier	[mɪr·papir]
tende (f pl) alla veneziana	blindings	[blindiŋs]

lampada (f) da tavolo	tafellamp	[tafel·lamp]
lampada (f) da parete	muurlamp	[mɪr·lamp]
lampada (f) a stelo	staanlamp	[stãn·lamp]
lampadario (m)	kroonlugter	[kroən·luχtər]

gamba (f)	poot	[poət]
bracciolo (m)	armleuning	[arm·løəniŋ]
spalliera (f)	rugleuning	[ruχ·løəniŋ]
cassetto (m)	laai	[lãi]

90. Biancheria da letto

biancheria (f) da letto	beddegoed	[beddə·χut]
cuscino (m)	kussing	[kussiŋ]
federa (f)	kussingsloop	[kussiŋ·sloəp]
coperta (f)	duvet	[dufet]
lenzuolo (m)	laken	[laken]
copriletto (m)	bedsprei	[bed·spræj]

91. Cucina

cucina (f)	kombuis	[kombœis]
gas (m)	gas	[χas]
fornello (m) a gas	gasstoof	[χas·stoəf]
fornello (m) elettrico	elektriese stoof	[elektrisə stoəf]
forno (m)	oond	[oent]
forno (m) a microonde	mikrogolfoond	[mikroχolf·oent]

frigorifero (m)	yskas	[ajs·kas]
congelatore (m)	vrieskas	[friskas]
lavastoviglie (f)	skottelgoedwasser	[skottɛlχud·wassər]

tritacarne (m)	vleismeul	[flæjs·møəl]
spremifrutta (m)	versapper	[fersappər]
tostapane (m)	broodrooster	[broəd·roəstər]
mixer (m)	menger	[meŋər]

macchina (f) da caffè	koffiemasjien	[koffi·maʃin]
caffettiera (f)	koffiepot	[koffi·pot]
macinacaffè (m)	koffiemeul	[koffi·møəl]

bollitore (m)	fluitketel	[flœit·ketəl]
teiera (f)	teepot	[teə·pot]
coperchio (m)	deksel	[deksəl]
colino (m) da tè	teesiffie	[teə·siffi]

cucchiaio (m)	lepel	[lepəl]
cucchiaino (m) da tè	teelepeltjie	[teə·lepəlki]
cucchiaio (m)	soplepel	[sop·lepəl]
forchetta (f)	vurk	[furk]
coltello (m)	mes	[mes]

stoviglie (f pl)	tafelgerei	[tafel·ɣeræj]
piatto (m)	bord	[bort]
piattino (m)	piering	[piriŋ]

cicchetto (m)	likeurglas	[likøər·ɣlas]
bicchiere (m) (~ d'acqua)	glas	[ɣlas]
tazzina (f)	koppie	[koppi]

zuccheriera (f)	suikerpot	[sœikər·pot]
saliera (f)	soutvaatjie	[sæʊt·fāki]
pepiera (f)	pepervaatjie	[pepər·fāki]
burriera (f)	botterbakkie	[bottər·bakki]

pentola (f)	soppot	[sop·pot]
padella (f)	braaipan	[brāj·pan]
mestolo (m)	opskeplepel	[opskep·lepəl]
colapasta (m)	vergiet	[ferɣit]
vassoio (m)	skinkbord	[skink·bort]

bottiglia (f)	bottel	[bottəl]
barattolo (m) di vetro	fles	[fles]
latta, lattina (f)	blikkie	[blikki]

apribottiglie (m)	botteloopmaker	[bottəl·oəpmakər]
apriscatole (m)	blikoopmaker	[blik·oəpmakər]
cavatappi (m)	kurktrekker	[kurk·trɛkkər]
filtro (m)	filter	[filtər]
filtrare (vt)	filter	[filtər]

| spazzatura (f) | vullis | [fullis] |
| pattumiera (f) | vullisbak | [fullis·bak] |

92. Bagno

bagno (m)	badkamer	[bad·kamər]
acqua (f)	water	[vatər]
rubinetto (m)	kraan	[krān]
acqua (f) calda	warme water	[varmə vatər]
acqua (f) fredda	koue water	[kæʊə vatər]

dentifricio (m)	tandepasta	[tandə·pasta]
lavarsi i denti	tande borsel	[tandə borsəl]
spazzolino (m) da denti	tandeborsel	[tandə·borsəl]

rasarsi (vr)	skeer	[skeər]
schiuma (f) da barba	skeerroom	[skeər·roəm]
rasoio (m)	skeermes	[skeər·mes]

lavare (vt)	was	[vas]
fare un bagno	bad	[bat]
doccia (f)	stort	[stort]
fare una doccia	stort	[stort]

vasca (f) da bagno	bad	[bat]
water (m)	toilet	[tojlet]
lavandino (m)	wasbak	[vas·bak]

| sapone (m) | seep | [seəp] |
| porta (m) sapone | seepbakkie | [seəp·bakki] |

spugna (f)	spons	[spoŋs]
shampoo (m)	sjampoe	[ʃampu]
asciugamano (m)	handdoek	[handduk]
accappatoio (m)	badjas	[batjas]

bucato (m)	was	[vas]
lavatrice (f)	wasmasjien	[vas·maʃin]
fare il bucato	die wasgoed was	[di vasχut vas]
detersivo (m) per il bucato	waspoeier	[vas·pujer]

93. Elettrodomestici

televisore (m)	TV-stel	[te·fe-stəl]
registratore (m) a nastro	bandspeler	[band·spelər]
videoregistratore (m)	videomasjien	[video·maʃin]
radio (f)	radio	[radio]
lettore (m)	speler	[spelər]

videoproiettore (m)	videoprojektor	[video·projektor]
home cinema (m)	tuisfliekteater	[tœis·flik·teatər]
lettore (m) DVD	DVD-speler	[de·fe·de-spelər]
amplificatore (m)	versterker	[fersterkər]
console (f) video giochi	videokonsole	[video·koŋsolə]

videocamera (f)	videokamera	[video·kamera]
macchina (f) fotografica	kamera	[kamera]
fotocamera (f) digitale	digitale kamera	[diχitalə kamera]

aspirapolvere (m)	stofsuier	[stof·sœiər]
ferro (m) da stiro	strykyster	[strajk·ajstər]
asse (f) da stiro	strykplank	[strajk·plank]

| telefono (m) | telefoon | [telefoən] |
| telefonino (m) | selfoon | [sɛlfoən] |

| macchina (f) da scrivere | tikmasjien | [tik·maʃin] |
| macchina (f) da cucire | naaimasjien | [naj·maʃin] |

microfono (m)	mikrofoon	[mikrofoən]
cuffia (f)	koptelefoon	[kop·telefoən]
telecomando (m)	afstandsbeheer	[afstands·beheər]

CD (m)	CD	[se·de]
cassetta (f)	kasset	[kasset]
disco (m) (vinile)	plaat	[plāt]

94. Riparazioni. Restauro

lavori (m pl) di restauro	opknapwerk	[opknap·werk]
rinnovare (ridecorare)	opknap	[opknap]
riparare (vt)	herstel	[herstəl]
mettere in ordine	aan kant maak	[ān kant māk]
rifare (vt)	oordoen	[oərdun]

pittura (f)	verf	[ferf]
pitturare (~ un muro)	verf	[ferf]
imbianchino (m)	skilder	[skildər]
pennello (m)	verfborsel	[ferf·borsəl]

| imbiancatura (f) | witkalk | [vitkalk] |
| imbiancare (vt) | wit | [vit] |

carta (f) da parati	muurpapier	[mɪr·papir]
tappezzare (vt)	behang	[behaŋ]
vernice (f)	vernis	[fernis]
verniciare (vt)	vernis	[fernis]

95. Impianto idraulico

acqua (f)	water	[vatər]
acqua (f) calda	warme water	[varmə vatər]
acqua (f) fredda	koue water	[kæʊə vatər]
rubinetto (m)	kraan	[krān]

goccia (f)	druppel	[druppəl]
gocciolare (vi)	drup	[drup]
perdere (il tubo, ecc.)	lek	[lek]
perdita (f) (~ dai tubi)	lekkasie	[lɛkkasi]
pozza (f)	poeletjie	[puləki]

tubo (m)	pyp	[pajp]
valvola (f)	kraan	[krān]
intasarsi (vr)	verstop raak	[ferstop rāk]

strumenti (m pl)	gereedskap	[xereədskap]
chiave (f) inglese	skroefsleutel	[skruf·sløətəl]
svitare (vt)	losskroef	[losskruf]

avvitare (stringere)	vasskroef	[fasskruf]
stasare (vt)	oopmaak	[oəpmãk]
idraulico (m)	loodgieter	[loədχitər]
seminterrato (m)	kelder	[kɛldər]
fognatura (f)	riolering	[riol'eriŋ]

96. Incendio. Conflagrazione

fuoco (m)	brand	[brant]
fiamma (f)	vlam	[flam]
scintilla (f)	vonk	[fonk]
fumo (m)	rook	[roək]
fiaccola (f)	fakkel	[fakkel]
falò (m)	kampvuur	[kampfɪr]
benzina (f)	petrol	[petrol]
cherosene (m)	kerosien	[kerosin]
combustibile (agg)	ontvambaar	[ontfambãr]
esplosivo (agg)	ontplofbaar	[ontplofbãr]
VIETATO FUMARE!	ROOK VERBODE	[roək ferbodə]
sicurezza (f)	veiligheid	[fæjliχæjt]
pericolo (m)	gevaar	[χefãr]
pericoloso (agg)	gevaarlik	[χefãrlik]
prendere fuoco	vlam vat	[flam fat]
esplosione (f)	ontploffing	[ontploffiŋ]
incendiare (vt)	aan die brand steek	[ãn di brant steək]
incendiario (m)	brandstigter	[brant·stiχtər]
incendio (m) doloso	brandstigting	[brant·stiχtiŋ]
divampare (vi)	brand	[brant]
bruciare (vi)	brand	[brant]
bruciarsi (vr)	afbrand	[afbrant]
chiamare i pompieri	die brandweer roep	[di brantveər rup]
pompiere (m)	brandweerman	[brantveər·man]
autopompa (f)	brandweerwa	[brantveər·wa]
corpo (m) dei pompieri	brandweer	[brantveər]
autoscala (f) da pompieri	brandweerwaleer	[brantveər·wa·leər]
manichetta (f)	brandslang	[brant·slaŋ]
estintore (m)	brandblusser	[brant·blussər]
casco (m)	helmet	[hɛlmet]
sirena (f)	sirene	[sirenə]
gridare (vi)	skreeu	[skriʊ]
chiamare in aiuto	hulp roep	[hulp rup]
soccorritore (m)	redder	[rɛddər]
salvare (vt)	red	[ret]
arrivare (vi)	aankom	[ãnkom]
spegnere (vt)	blus	[blus]
acqua (f)	water	[vatər]

87

sabbia (f)	sand	[sant]
rovine (f pl)	ruïnes	[ruïnes]
crollare (edificio)	instort	[instort]
cadere (vi)	val	[fal]
collassare (vi)	instort	[instort]

frammento (m)	brokstukke	[brokstukkə]
cenere (f)	as	[as]

asfissiare (vi)	verstik	[ferstik]
morire, perire (vi)	omkom	[omkom]

ATTIVITÀ UMANA

Lavoro. Affari. Parte 1

97. Attività bancaria

banca (f)	bank	[bank]
filiale (f)	tak	[tak]
consulente (m)	bankklerk	[bank·klerk]
direttore (m)	bestuurder	[bestɪrdər]
conto (m) bancario	bankrekening	[bank·rekəniŋ]
numero (m) del conto	rekeningnommer	[rekəniŋ·nommər]
conto (m) corrente	tjekrekening	[tʃek·rekəniŋ]
conto (m) di risparmio	spaarrekening	[spãr·rekəniŋ]
chiudere il conto	die rekening sluit	[di rekəniŋ slœit]
prelevare dal conto	trek	[trek]
deposito (m)	deposito	[deposito]
trasferimento (m) telegrafico	telegrafiese oorplasing	[teleχrafisə oərplasiŋ]
rimettere i soldi	oorplaas	[oərplãs]
somma (f)	som	[som]
Quanto?	Hoeveel?	[hufeəl?]
firma (f)	handtekening	[hand·tekəniŋ]
firmare (vt)	onderteken	[ondərtekən]
carta (f) di credito	kredietkaart	[kredit·kãrt]
codice (m)	kode	[kodə]
numero (m) della carta di credito	kredietkaartnommer	[kredit·kãrt·nommər]
bancomat (m)	OTM	[o·te·em]
assegno (m)	tjek	[tʃek]
libretto (m) di assegni	tjekboek	[tʃek·buk]
prestito (m)	lening	[leniŋ]
garanzia (f)	waarborg	[vãrborχ]

98. Telefono. Conversazione telefonica

telefono (m)	telefoon	[telefoən]
telefonino (m)	selfoon	[sɛlfoən]
segreteria (f) telefonica	antwoordmasjien	[antwoert·maʃin]

| telefonare (vi, vt) | bel | [bəl] |
| chiamata (f) | oproep | [oprup] |

Pronto!	Hallo!	[hallo!]
chiedere (domandare)	vra	[fra]
rispondere (vi, vt)	antwoord	[antwoərt]

udire (vt)	hoor	[hoər]
bene	goed	[χut]
male	nie goed nie	[ni χut ni]
disturbi (m pl)	steurings	[støəriŋs]

cornetta (f)	gehoorstuk	[χehoərstuk]
alzare la cornetta	optel	[optəl]
riattaccare la cornetta	afskakel	[afskakəl]

occupato (agg)	besig	[besəχ]
squillare (del telefono)	lui	[lœi]
elenco (m) telefonico	telefoongids	[telefoən·χids]

locale (agg)	lokale	[lokalə]
telefonata (f) urbana	lokale oproep	[lokalə oprup]
interurbano (agg)	langafstand	[lanχ·afstant]
telefonata (f) interurbana	langafstand oproep	[lanχ·afstant oprup]
internazionale (agg)	internasionale	[internaʃionalə]
telefonata (f) internazionale	internasionale oproep	[internaʃionalə oprup]

99. Telefono cellulare

| telefonino (m) | selfoon | [sɛlfoən] |
| schermo (m) | skerm | [skerm] |

| tasto (m) | knoppie | [knoppi] |
| scheda SIM (f) | SIMkaart | [sim·kãrt] |

pila (f)	battery	[battəraj]
essere scarico	pap wees	[pap veəs]
caricabatteria (m)	batterylaaier	[battəraj·lajer]

| menù (m) | spyskaart | [spajs·kãrt] |
| impostazioni (f pl) | instellings | [instɛlliŋs] |

| melodia (f) | wysie | [vajsi] |
| scegliere (vt) | kies | [kis] |

| calcolatrice (f) | sakrekenaar | [sakrekənãr] |
| segreteria (f) telefonica | stempos | [stem·pos] |

| sveglia (f) | wekker | [vɛkkər] |
| contatti (m pl) | kontakte | [kontaktə] |

| messaggio (m) SMS | SMS | [es·em·es] |
| abbonato (m) | intekenaar | [intekənãr] |

100. Articoli di cancelleria

penna (f) a sfera	bolpen	[bol·pen]
penna (f) stilografica	vulpen	[ful·pen]
matita (f)	potlood	[potloət]
evidenziatore (m)	merkpen	[merk·pen]
pennarello (m)	viltpen	[filt·pen]
taccuino (m)	notaboekie	[nota·buki]
agenda (f)	dagboek	[daχ·buk]
righello (m)	liniaal	[liniãl]
calcolatrice (f)	sakrekenaar	[sakrekənãr]
gomma (f) per cancellare	uitveër	[œitfɛɾ]
puntina (f)	duimspyker	[dœim·spajkər]
graffetta (f)	skuifspeld	[skœif·spɛlt]
colla (f)	gom	[χom]
pinzatrice (f)	krammasjien	[kram·maʃin]
perforatrice (f)	ponsmasjien	[pɔŋs·maʃin]
temperamatite (m)	skerpmaker	[skerp·makər]

Lavoro. Affari. Parte 2

101. Mezzi di comunicazione di massa

giornale (m)	koerant	[kurant]
rivista (f)	tydskrif	[tajdskrif]
stampa (f) (giornali, ecc.)	pers	[pers]
radio (f)	radio	[radio]
stazione (f) radio	omroep	[omrup]
televisione (f)	televisie	[telefisi]
presentatore (m)	aanbieder	[ānbidər]
annunciatore (m)	nuusleser	[nɪslesər]
commentatore (m)	kommentator	[kommentator]
giornalista (m)	joernalis	[jurnalis]
corrispondente (m)	korrespondent	[korrespondɛnt]
fotocronista (m)	persfotograaf	[pers·fotoχrāf]
cronista (m)	verslaggewer	[ferslaχ·χevər]
redattore (m)	redakteur	[redaktøər]
redattore capo (m)	hoofredakteur	[hoəf·redaktøər]
abbonarsi a ...	inteken op ...	[intekən op ...]
abbonamento (m)	intekening	[intekəniŋ]
abbonato (m)	intekenaar	[intekənār]
leggere (vi, vt)	lees	[leəs]
lettore (m)	leser	[lesər]
tiratura (f)	oplaag	[oplāχ]
mensile (agg)	maandeliks	[māndəliks]
settimanale (agg)	weekliks	[veəkliks]
numero (m)	nommer	[nommər]
fresco (agg)	nuwe	[nuvə]
testata (f)	opskrif	[opskrif]
trafiletto (m)	kort artikel	[kort artikəl]
rubrica (f)	kolom	[kolom]
articolo (m)	artikel	[artikəl]
pagina (f)	bladsy	[bladsaj]
servizio (m), reportage (m)	veslag	[feslaχ]
evento (m)	gebeurtenis	[χebøərtenis]
sensazione (f)	sensasie	[sɛŋsasi]
scandalo (m)	skandaal	[skandāl]
scandaloso (agg)	skandelik	[skandəlik]
enorme (un ~ scandalo)	groot	[χroət]
trasmissione (f)	program	[proχram]
intervista (f)	onderhoud	[ondərhæʊt]

trasmissione (f) in diretta	regstreekse uitsending	[reχstreəksə œitsendiŋ]
canale (m)	kanaal	[kanāl]

102. Agricoltura

agricoltura (f)	landbou	[landbæʊ]
contadino (m)	boer	[bur]
contadina (f)	boervrou	[bur·fræʊ]
fattore (m)	boer	[bur]

trattore (m)	trekker	[trɛkkər]
mietitrebbia (f)	stroper	[stropər]

aratro (m)	ploeg	[pluχ]
arare (vt)	ploeg	[pluχ]
terreno (m) coltivato	ploegland	[pluχlant]
solco (m)	voor	[foər]

seminare (vt)	saai	[sāi]
seminatrice (f)	saaier	[sājer]
semina (f)	saai	[sāi]

falce (f)	sens	[sɛŋs]
falciare (vt)	maai	[māi]

pala (f)	graaf	[χrāf]
scavare (vt)	omspit	[omspit]

zappa (f)	skoffel	[skoffəl]
zappare (vt)	skoffel	[skoffəl]
erbaccia (f)	onkruid	[onkrœit]

innaffiatoio (m)	gieter	[χitər]
innaffiare (vt)	nat gooi	[nat χoj]
innaffiamento (m)	nat gooi	[nat χoj]

forca (f)	gaffel	[χaffəl]
rastrello (m)	hark	[hark]

concime (m)	misstof	[misstof]
concimare (vt)	bemes	[bemes]
letame (m)	misstof	[misstof]

campo (m)	veld	[fɛlt]
prato (m)	weiland	[væjlant]
orto (m)	groentetuin	[χruntə·tœin]
frutteto (m)	boord	[boərt]

pascolare (vt)	wei	[væj]
pastore (m)	herder	[herdər]
pascolo (m)	weiland	[væjlant]

allevamento (m) di bestiame	veeboerdery	[fee·burderaj]
allevamento (m) di pecore	skaapboerdery	[skāp·burderaj]

piantagione (f)	aanplanting	[ānplantiŋ]
filare (m) (un ~ di alberi)	bedding	[beddiŋ]
serra (f) da orto	broeikas	[bruikas]

| siccità (f) | droogte | [droəχtə] |
| secco, arido (un'estate ~a) | droog | [droəχ] |

grano (m)	graan	[χrān]
cereali (m pl)	graangewasse	[χrān·χəwassə]
raccogliere (vt)	oes	[us]

mugnaio (m)	meulenaar	[møəlenār]
mulino (m)	meul	[møəl]
macinare (~ il grano)	maal	[māl]
farina (f)	meelblom	[meəl·blom]
paglia (f)	strooi	[stroj]

103. Edificio. Attività di costruzione

cantiere (m) edile	bouperseel	[bæʊ·perseəl]
costruire (vt)	bou	[bæʊ]
operaio (m) edile	bouwerker	[bæʊ·verkər]

progetto (m)	projek	[projek]
architetto (m)	argitek	[arχitek]
operaio (m)	werker	[verkər]

fondamenta (f pl)	fondament	[fondament]
tetto (m)	dak	[dak]
palo (m) di fondazione	heipaal	[hæjpāl]
muro (m)	muur	[mɪr]

| barre (f pl) di rinforzo | betonstaal | [betɔŋ·stāl] |
| impalcatura (f) | steiers | [stæjers] |

beton (m)	beton	[beton]
granito (m)	graniet	[χranit]
pietra (f)	klip	[klip]
mattone (m)	baksteen	[baksteən]

sabbia (f)	sand	[sant]
cemento (m)	sement	[sement]
intonaco (m)	pleister	[plæjstər]
intonacare (vt)	pleister	[plæjstər]

pittura (f)	verf	[ferf]
pitturare (vt)	verf	[ferf]
botte (f)	drom	[drom]

gru (f)	kraan	[krān]
sollevare (vt)	optel	[optəl]
abbassare (vt)	laat sak	[lāt sak]
bulldozer (m)	stootskraper	[stoət·skrapər]
scavatrice (f)	graafmasjien	[χrāf·maʃin]

cucchiaia (f)	bak	[bak]
scavare (vt)	grawe	[χravə]
casco (m) (~ di sicurezza)	helmet	[hɛlmet]

Professioni e occupazioni

104. Ricerca di un lavoro. Licenziamento

lavoro (m)	baantjie	[bānki]
organico (m)	personeel	[personeəl]
personale (m)	personeel	[personeəl]
carriera (f)	loopbaan	[loəpbān]
prospettiva (f)	vooruitsigte	[foərœit·siχtə]
abilità (f pl)	meesterskap	[meəsterskap]
selezione (f) (~ del personale)	seleksie	[seleksi]
agenzia (f) di collocamento	arbeidsburo	[arbæjds·buro]
curriculum vitae (f)	curriculum vitae	[kurrikulum fitaə]
colloquio (m)	werksonderhoud	[werk·ondərhæʊt]
posto (m) vacante	vakature	[fakaturə]
salario (m)	salaris	[salaris]
stipendio (m) fisso	vaste salaris	[fastə salaris]
compenso (m)	loon	[loən]
carica (f), funzione (f)	posisie	[posisi]
mansione (f)	taak	[tāk]
mansioni (f pl) di lavoro	reeks opdragte	[reəks opdraχtə]
occupato (agg)	besig	[besəχ]
licenziare (vt)	afdank	[afdank]
licenziamento (m)	afdanking	[afdankiŋ]
disoccupazione (f)	werkloosheid	[verkloəshæjt]
disoccupato (m)	werkloos	[verkloəs]
pensionamento (m)	pensioen	[pɛnsiun]
andare in pensione	met pensioen gaan	[met pɛnsiun χān]

105. Gente d'affari

direttore (m)	direkteur	[direktøər]
dirigente (m)	bestuurder	[bestɪrdər]
capo (m)	baas	[bās]
superiore (m)	hoof	[hoəf]
capi (m pl)	hoofde	[hoəfdə]
presidente (m)	direkteur	[direktøər]
presidente (m) (impresa)	voorsitter	[foərsittər]
vice (m)	adjunk	[adjunk]
assistente (m)	assistent	[assistent]

| segretario (m) | sekretaris | [sekretaris] |
| assistente (m) personale | persoonlike assistent | [persoɘnlikɘ assistent] |

uomo (m) d'affari	sakeman	[sakɘman]
imprenditore (m)	entrepreneur	[ɛntrɘprenøɘr]
fondatore (m)	stigter	[stiχtɘr]
fondare (vt)	stig	[stiχ]

socio (m)	stigter	[stiχtɘr]
partner (m)	vennoot	[fɛnnoɘt]
azionista (m)	aandeelhouer	[āndeɘl·hæʋɘr]

milionario (m)	miljoenêr	[miljunær]
miliardario (m)	miljardêr	[miljardær]
proprietario (m)	eienaar	[æjenār]
latifondista (m)	grondeienaar	[χront·æjenār]

cliente (m) (di professionista)	kliënt	[kliɛnt]
cliente (m) abituale	vaste kliënt	[fastɘ kliɛnt]
compratore (m)	koper	[kopɘr]
visitatore (m)	besoeker	[besukɘr]

professionista (m)	professioneel	[profɛssioneɘl]
esperto (m)	kenner	[kɛnnɘr]
specialista (m)	spesialis	[spesialis]

| banchiere (m) | bankier | [bankir] |
| broker (m) | makelaar | [makɘlār] |

cassiere (m)	kassier	[kassir]
contabile (m)	boekhouer	[bukhæʋɘr]
guardia (f) giurata	veiligheidswag	[fæjliχæjts·waχ]

investitore (m)	belegger	[beleχɘr]
debitore (m)	skuldenaar	[skuldenār]
creditore (m)	krediteur	[kreditøɘr]
mutuatario (m)	lener	[lenɘr]

| importatore (m) | invoerder | [infurdɘr] |
| esportatore (m) | uitvoerder | [œitfurdɘr] |

produttore (m)	produsent	[produsent]
distributore (m)	verdeler	[ferdelɘr]
intermediario (m)	tussenpersoon	[tussɘn·persoɘn]

consulente (m)	raadgewer	[rāt·χevɘr]
rappresentante (m)	verkoopsagent	[ferkoɘps·aχent]
agente (m)	agent	[aχent]
assicuratore (m)	versekeringsagent	[fersɘkeriŋs·aχent]

106. Professioni amministrative

| cuoco (m) | kok | [kok] |
| capocuoco (m) | sjef | [ʃef] |

fornaio (m)	bakker	[bakkər]
barista (m)	kroegman	[kruχman]
cameriere (m)	kelner	[kɛlnər]
cameriera (f)	kelnerin	[kɛlnərin]

avvocato (m)	advokaat	[adfokāt]
esperto (m) legale	prokureur	[prokurøər]
notaio (m)	notaris	[notaris]

elettricista (m)	elektrisiën	[ɛlektrisiɛn]
idraulico (m)	loodgieter	[loədχitər]
falegname (m)	timmerman	[timmerman]

massaggiatore (m)	masseerder	[masseərdər]
massaggiatrice (f)	masseerster	[masseərstər]
medico (m)	dokter	[doktər]

taxista (m)	taxibestuurder	[taksi·bestɪrdər]
autista (m)	bestuurder	[bestɪrdər]
fattorino (m)	koerier	[kurir]

cameriera (f)	kamermeisie	[kamər·mæjsi]
guardia (f) giurata	veiligheidswag	[fæjliχæjts·waχ]
hostess (f)	lugwaardin	[luχ·wārdin]

insegnante (m, f)	onderwyser	[ondərwajsər]
bibliotecario (m)	bibliotekaris	[bibliotekaris]
traduttore (m)	vertaler	[fertalər]
interprete (m)	tolk	[tolk]
guida (f)	gids	[χids]

parrucchiere (m)	haarkapper	[hār·kappər]
postino (m)	posbode	[pos·bodə]
commesso (m)	verkoper	[ferkopər]

giardiniere (m)	tuinman	[tœin·man]
domestico (m)	bediende	[bedində]
domestica (f)	bediende	[bedində]
donna (f) delle pulizie	skoonmaakster	[skoən·mākstər]

107. Professioni militari e gradi

soldato (m) semplice	soldaat	[soldāt]
sergente (m)	sersant	[sersant]
tenente (m)	luitenant	[lœitənant]
capitano (m)	kaptein	[kaptæjn]

maggiore (m)	majoor	[majoər]
colonnello (m)	kolonel	[kolonəl]
generale (m)	generaal	[χenerāl]
maresciallo (m)	maarskalk	[mārskalk]
ammiraglio (m)	admiraal	[admirāl]
militare (m)	leër	[leɛr]
soldato (m)	soldaat	[soldāt]

| ufficiale (m) | offisier | [offisir] |
| comandante (m) | kommandant | [kommandant] |

guardia (f) di frontiera	grenswag	[χrɛŋs·waχ]
marconista (m)	radio-operateur	[radio-operatøər]
esploratore (m)	verkenner	[ferkɛnnər]
geniere (m)	sappeur	[sappøər]
tiratore (m)	skutter	[skuttər]
navigatore (m)	navigator	[nafiχator]

108. Funzionari. Sacerdoti

| re (m) | koning | [koniŋ] |
| regina (f) | koningin | [koniŋin] |

| principe (m) | prins | [prins] |
| principessa (f) | prinses | [prinsəs] |

| zar (m) | tsaar | [tsār] |
| zarina (f) | tsarina | [tsarina] |

presidente (m)	president	[president]
ministro (m)	minister	[ministər]
primo ministro (m)	eerste minister	[eərstə ministər]
senatore (m)	senator	[senator]

diplomatico (m)	diplomaat	[diplomāt]
console (m)	konsul	[kɔŋsul]
ambasciatore (m)	ambassadeur	[ambassadøər]
consigliere (m)	adviseur	[adfisøər]

funzionario (m)	amptenaar	[amptənar]
prefetto (m)	prefek	[prefek]
sindaco (m)	burgermeester	[burgər·meəstər]

| giudice (m) | regter | [reχtər] |
| procuratore (m) | aanklaer | [ānklaər] |

missionario (m)	sendeling	[sendəliŋ]
monaco (m)	monnik	[monnik]
abate (m)	ab	[ap]
rabbino (m)	rabbi	[rabbi]

visir (m)	visier	[fisir]
scià (m)	sjah	[ʃah]
sceicco (m)	sjeik	[ʃæjk]

109. Professioni agricole

apicoltore (m)	byeboer	[bajebur]
pastore (m)	herder	[herdər]
agronomo (m)	landboukundige	[landbæʊ·kundɪχə]

| allevatore (m) di bestiame | veeteler | [feə·telər] |
| veterinario (m) | veearts | [feə·arts] |

fattore (m)	boer	[bur]
vinificatore (m)	wynmaker	[vajn·makər]
zoologo (m)	dierkundige	[dir·kundiχə]
cowboy (m)	cowboy	[kovboj]

110. Professioni artistiche

| attore (m) | akteur | [aktøər] |
| attrice (f) | aktrise | [aktrisə] |

| cantante (m) | sanger | [saŋər] |
| cantante (f) | sangeres | [saŋəres] |

| danzatore (m) | danser | [daŋsər] |
| ballerina (f) | danseres | [daŋsəres] |

| artista (m) | verhoogkunstenaar | [ferhoəχ·kunstənār] |
| artista (f) | verhoogkunstenares | [ferhoəχ·kunstənares] |

musicista (m)	musikant	[musikant]
pianista (m)	pianis	[pianis]
chitarrista (m)	kitaarspeler	[kitār·spelər]

direttore (m) d'orchestra	dirigent	[diriχent]
compositore (m)	komponis	[komponis]
impresario (m)	impresario	[impresario]

regista (m)	filmregisseur	[film·reχissøər]
produttore (m)	produsent	[produsent]
sceneggiatore (m)	draaiboekskrywer	[drājbuk·skrajvər]
critico (m)	kritikus	[kritikus]

scrittore (m)	skrywer	[skrajvər]
poeta (m)	digter	[diχtər]
scultore (m)	beeldhouer	[beəldhæuər]
pittore (m)	kunstenaar	[kunstenār]

giocoliere (m)	jongleur	[jonχløər]
pagliaccio (m)	hanswors	[haŋswors]
acrobata (m)	akrobaat	[akrobāt]
prestigiatore (m)	goëlaar	[χoɛlār]

111. Professioni varie

medico (m)	dokter	[doktər]
infermiera (f)	verpleegster	[ferpleəχ·stər]
psichiatra (m)	psigiater	[psiχiatər]
dentista (m)	tandarts	[tand·arts]
chirurgo (m)	chirurg	[ʃirurχ]

astronauta (m)	astronout	[astronæʊt]
astronomo (m)	astronoom	[astronoəm]
pilota (m)	piloot	[piloət]

autista (m)	bestuurder	[bestɪrdər]
macchinista (m)	treindrywer	[træjn·drajvər]
meccanico (m)	werktuigkundige	[verktœiχ·kundiχə]

minatore (m)	mynwerker	[majn·werkər]
operaio (m)	werker	[verkər]
operaio (m) metallurgico	slotmaker	[slot·makər]
falegname (m)	skrynwerker	[skrajn·werkər]
tornitore (m)	draaibankwerker	[drājbank·werkər]
operaio (m) edile	bouwerker	[bæʊ·verkər]
saldatore (m)	sweiser	[swæjsər]

professore (m)	professor	[profɛssor]
architetto (m)	argitek	[arχitek]
storico (m)	historikus	[historikus]
scienziato (m)	wetenskaplike	[vetɛŋskaplikə]
fisico (m)	fisikus	[fisikus]
chimico (m)	skeikundige	[skæjkundiχə]

archeologo (m)	argeoloog	[arχeoloəχ]
geologo (m)	geoloog	[χeoloəχ]
ricercatore (m)	navorser	[naforsər]

baby-sitter (m, f)	babasitter	[babasittər]
insegnante (m, f)	onderwyser	[ondərwajsər]

redattore (m)	redakteur	[redaktøər]
redattore capo (m)	hoofredakteur	[hoəf·redaktøər]
corrispondente (m)	korrespondent	[korrespondɛnt]
dattilografa (f)	tikster	[tikstər]

designer (m)	ontwerper	[ontwerpər]
esperto (m) informatico	rekenaarkenner	[rekənār·kɛnnər]
programmatore (m)	programmeur	[proχrammøər]
ingegnere (m)	ingenieur	[inχeniøər]

marittimo (m)	matroos	[matroəs]
marinaio (m)	seeman	[seəman]
soccorritore (m)	redder	[rɛddər]

pompiere (m)	brandweerman	[brantveər·man]
poliziotto (m)	polisieman	[polisi·man]
guardiano (m)	bewaker	[bevakər]
detective (m)	speurder	[spøərdər]

doganiere (m)	doeanebeampte	[duanə·beamptə]
guardia (f) del corpo	lyfwag	[lajf·waχ]
guardia (f) carceraria	tronkbewaarder	[tronk·bevārdər]
ispettore (m)	inspekteur	[inspektøər]

sportivo (m)	sportman	[spɔrtman]
allenatore (m)	breier	[bræjer]

macellaio (m)	slagter	[slaχtər]
calzolaio (m)	skoenmaker	[skun·makər]
uomo (m) d'affari	handelaar	[handəlãr]
caricatore (m)	laaier	[lãjer]

stilista (m)	modeontwerper	[modə·ontwerpər]
modella (f)	model	[modəl]

112. Attività lavorative. Condizione sociale

scolaro (m)	skoolseun	[skoəl·søən]
studente (m)	student	[student]

filosofo (m)	filosoof	[filosoəf]
economista (m)	ekonoom	[ɛkonoəm]
inventore (m)	uitvinder	[œitfindər]

disoccupato (m)	werkloos	[verkloəs]
pensionato (m)	pensioentrekker	[pɛnsiun·trɛkkər]
spia (f)	spioen	[spiun]

detenuto (m)	gevangene	[χefaŋənə]
scioperante (m)	staker	[stakər]
burocrate (m)	burokraat	[burokrãt]
viaggiatore (m)	reisiger	[ræjsiχər]

omosessuale (m)	gay	[χaaj]
hacker (m)	kuberkraker	[kubər·krakər]
hippy (m, f)	hippie	[hippi]

bandito (m)	bandiet	[bandit]
sicario (m)	huurmoordenaar	[hɪr·moərdenãr]
drogato (m)	dwelmslaaf	[dwɛlm·slãf]
trafficante (m) di droga	dwelmhandelaar	[dwɛlm·handəlãr]
prostituta (f)	prostituut	[prostitɪt]
magnaccia (m)	pooier	[pojer]

stregone (m)	towenaar	[tovenãr]
strega (f)	heks	[heks]
pirata (m)	piraat, seerower	[pirãt], [seə·rovər]
schiavo (m)	slaaf	[slãf]
samurai (m)	samoerai	[samuraj]
selvaggio (m)	wilde	[vildə]

Sport

113. Tipi di sport. Sportivi

sportivo (m)	sportman	[sportman]
sport (m)	sportsoorte	[sport·soərtə]
pallacanestro (m)	basketbal	[basketbal]
cestista (m)	basketbalspeler	[basketbal·spelər]
baseball (m)	bofbal	[bofbal]
giocatore (m) di baseball	bofbalspeler	[bofbal·spelər]
calcio (m)	sokker	[sokkər]
calciatore (m)	sokkerspeler	[sokkər·spelər]
portiere (m)	doelwagter	[dul·waχtər]
hockey (m)	hokkie	[hokki]
hockeista (m)	hokkiespeler	[hokki·spelər]
pallavolo (m)	vlugbal	[fluχbal]
pallavolista (m)	vlugbalspeler	[fluχbal·spelər]
pugilato (m)	boks	[boks]
pugile (m)	bokser	[boksər]
lotta (f)	stoei	[stui]
lottatore (m)	stoeier	[stujer]
karate (m)	karate	[karatə]
karateka (m)	karatevegter	[karatə·feχtər]
judo (m)	judo	[judo]
judoista (m)	judoka	[judoka]
tennis (m)	tennis	[tɛnnis]
tennista (m)	tennisspeler	[tɛnnis·spelər]
nuoto (m)	swem	[swem]
nuotatore (m)	swemmer	[swemmər]
scherma (f)	skerm	[skerm]
schermitore (m)	skermer	[skermər]
scacchi (m pl)	skaak	[skāk]
scacchista (m)	skaakspeler	[skāk·spelər]
alpinismo (m)	alpinisme	[alpinismə]
alpinista (m)	alpinis	[alpinis]
corsa (f)	hardloop	[hardloəp]

corridore (m)	hardloper	[hardloper]
atletica (f) leggera	atletiek	[atletik]
atleta (m)	atleet	[atleet]

| ippica (f) | perdry | [perdraj] |
| fantino (m) | ruiter | [rœiter] |

pattinaggio (m) artistico	kunsskaats	[kuns·skāts]
pattinatore (m)	kunsskaatser	[kuns·skātser]
pattinatrice (f)	kunsskaatser	[kuns·skātser]

| pesistica (f) | gewigoptel | [χeviχ·optel] |
| pesista (m) | gewigopteller | [χeviχ·optɛller] |

| automobilismo (m) | motorwedren | [motor·wedren] |
| pilota (m) | renjaer | [renjaer] |

| ciclismo (m) | fiets | [fits] |
| ciclista (m) | fietser | [fitser] |

salto (m) in lungo	verspring	[fer·spriŋ]
salto (m) con l'asta	polsstokspring	[polsstok·spriŋ]
saltatore (m)	springer	[spriŋer]

114. Tipi di sport. Varie

football (m) americano	sokker	[sokker]
badminton (m)	pluimbal	[plœimbal]
biathlon (m)	tweekamp	[tweekamp]
biliardo (m)	biljart	[biljart]

bob (m)	bobslee	[bobslee]
culturismo (m)	liggaamsbou	[liχχāmsbæʊ]
pallanuoto (m)	waterpolo	[vater·polo]
pallamano (m)	handbal	[handbal]
golf (m)	gholf	[golf]

canottaggio (m)	roei	[rui]
immersione (f) subacquea	duik	[dœik]
sci (m) di fondo	veldski	[fɛlt·ski]
tennis (m) da tavolo	tafeltennis	[tafel·tɛnnis]

vela (f)	seil	[sæjl]
rally (m)	tydren jaag	[tajdren jāχ]
rugby (m)	rugby	[ragbi]
snowboard (m)	sneeuplankry	[sniʊ·plankraj]
tiro (m) con l'arco	boogskiet	[boeχ·skit]

115. Palestra

| bilanciere (m) | staafgewig | [stāf·χeveχ] |
| manubri (m pl) | handgewigte | [hand·χeviχte] |

attrezzo (m) sportivo	oefenmasjien	[ufen·maʃin]
cyclette (f)	oefenfiets	[ufen·fits]
tapis roulant (m)	trapmeul	[trapmøəl]

sbarra (f)	rekstok	[rekstok]
parallele (f pl)	brug	[bruχ]
cavallo (m)	springperd	[spriŋ·pert]
materassino (m)	oefenmat	[ufen·mat]

corda (f) per saltare	springtou	[spriŋ·tæʊ]
aerobica (f)	aërobiese oefeninge	[aɛrobisə ufeniŋə]
yoga (m)	joga	[joga]

116. Sport. Varie

Giochi (m pl) Olimpici	Olimpiese Spele	[olimpisə spelə]
vincitore (m)	oorwinnaar	[oərwinnãr]
ottenere la vittoria	wen	[ven]
vincere (vi)	wen	[ven]

leader (m), capo (m)	leier	[læjer]
essere alla guida	lei	[læj]

primo posto (m)	eerste plek	[eərstə plek]
secondo posto (m)	tweede plek	[tweədə plek]
terzo posto (m)	derde plek	[derdə plek]

medaglia (f)	medalje	[medalje]
trofeo (m)	trofee	[trofeə]
coppa (f) (trofeo)	beker	[bekər]
premio (m)	prys	[prajs]
primo premio (m)	hoofprys	[hoəf·prajs]
record (m)	rekord	[rekort]

finale (m)	finale	[finalə]
finale (agg)	finale	[finalə]

campione (m)	kampioen	[kampiun]
campionato (m)	kampioenskap	[kampiunskap]

stadio (m)	stadion	[stadion]
tribuna (f)	tribune	[tribunə]
tifoso, fan (m)	ondersteuner	[ondərstøənər]
avversario (m)	teëstander	[tɛɛstandər]

partenza (f)	wegspringplek	[veχspriŋ·plek]
traguardo (m)	eindstreep	[æjnd·streəp]

sconfitta (f)	nederlaag	[nedərlãχ]
perdere (vt)	verloor	[fɛrloər]

arbitro (m)	skeidsregter	[skæjds·reχtər]
giuria (f)	beoordelaars	[bɐ·oərdelãrs]
punteggio (m)	stand	[stant]

pareggio (m)	gelykspel	[χelajkspəl]
pareggiare (vi)	gelykop speel	[χelajkop speəl]
punto (m)	punt	[punt]
risultato (m)	puntestand	[puntəstant]
tempo (primo ~)	periode	[periodə]
intervallo (m)	rustyd	[rustajt]
doping (m)	opkikkers	[opkikkərs]
penalizzare (vt)	straf	[straf]
squalificare (vt)	diskwalifiseer	[diskwalifiseər]
attrezzatura (f)	apparaat	[apparãt]
giavellotto (m)	spies	[spis]
peso (m) (sfera metallica)	koeël	[kuɛl]
biglia (f) (palla)	bal	[bal]
obiettivo (m)	doelwit	[dulwit]
bersaglio (m)	teiken	[tæjkən]
sparare (vi)	skiet	[skit]
preciso (agg)	akkuraat	[akkurãt]
allenatore (m)	breier	[bræjer]
allenare (vt)	afrig	[afrəχ]
allenarsi (vr)	oefen	[ufen]
allenamento (m)	oefen	[ufen]
palestra (f)	gimnastieksaal	[χimnastik·sãl]
esercizio (m)	oefening	[ufeniŋ]
riscaldamento (m)	opwarm	[opwarm]

Istruzione

117. Scuola

scuola (f)	skool	[skoəl]
direttore (m) di scuola	prinsipaal	[prinsipāl]
allievo (m)	leerder	[leərdər]
allieva (f)	leerder	[leərdər]
scolaro (m)	skoolseun	[skoəl·søən]
scolara (f)	skooldogter	[skoəl·doχtər]
insegnare (qn)	leer	[leər]
imparare (una lingua)	leer	[leər]
imparare a memoria	van buite leer	[fan bœitə leər]
studiare (vi)	leer	[leər]
frequentare la scuola	op skool wees	[op skoəl veəs]
andare a scuola	skooltoe gaan	[skoəltu χān]
alfabeto (m)	alfabet	[alfabet]
materia (f)	vak	[fak]
classe (f)	klaskamer	[klas·kamər]
lezione (f)	les	[les]
ricreazione (f)	pouse	[pæʊsə]
campanella (f)	skoolbel	[skoəl·bəl]
banco (m)	skoolbank	[skoəl·bank]
lavagna (f)	bord	[bort]
voto (m)	simbool	[simboəl]
voto (m) alto	goeie punt	[χuje punt]
voto (m) basso	slegte punt	[sleχtə punt]
errore (m)	fout	[fæʊt]
fare errori	foute maak	[fæʊtə māk]
correggere (vt)	korrigeer	[korriχeər]
bigliettino (m)	afskryfbriefie	[afskrajf·brifi]
compiti (m pl)	huiswerk	[hœis·werk]
esercizio (m)	oefening	[ufeniŋ]
essere presente	aanwesig wees	[ānwesəχ veəs]
essere assente	afwesig wees	[afwesəχ veəs]
mancare le lezioni	stokkies draai	[stokkis drāj]
punire (vt)	straf	[straf]
punizione (f)	straf	[straf]
comportamento (m)	gedrag	[χedraχ]
pagella (f)	rapport	[rapport]

matita (f)	potlood	[potloət]
gomma (f) per cancellare	uitveër	[œitfeɛr]
gesso (m)	kryt	[krajt]
astuccio (m) portamatite	potloodsakkie	[potloət·sakki]

| cartella (f) | boekesak | [bukə·sak] |
| penna (f) | pen | [pen] |

quaderno (m)	skryfboek	[skrajf·buk]
manuale (m)	handboek	[hand·buk]
compasso (m)	passer	[passər]

| disegnare (tracciare) | tegniese tekeninge maak | [teχnisə tekənikə māk] |
| disegno (m) tecnico | tegniese tekening | [teχnisə tekəniŋ] |

poesia (f)	gedig	[χedəχ]
a memoria	van buite	[fan bœitə]
imparare a memoria	van buite leer	[fan bœitə leər]

vacanze (f pl) scolastiche	skoolvakansie	[skoəl·fakaŋsi]
essere in vacanza	met vakansie wees	[met fakaŋsi veəs]
passare le vacanze	jou vakansie deurbring	[jæʊ fakaŋsi døərbriŋ]

prova (f) scritta	toets	[tuts]
composizione (f)	opstel	[opstəl]
dettato (m)	diktee	[dikteə]
esame (m)	eksamen	[ɛksamen]
esperimento (m)	eksperiment	[ɛksperiment]

118. Istituto superiore. Università

accademia (f)	akademie	[akademi]
università (f)	universiteit	[unifersitæjt]
facoltà (f)	fakulteit	[fakultæjt]

studente (m)	student	[student]
studentessa (f)	student	[student]
docente (m, f)	lektor	[lektor]

| aula (f) | lesingsaal | [lesiŋ·sāl] |
| diplomato (m) | gegradueerde | [χeχradueərdə] |

| diploma (m) | sertifikaat | [sertifikāt] |
| tesi (f) | proefskrif | [prufskrif] |

| ricerca (f) | navorsing | [naforsiŋ] |
| laboratorio (m) | laboratorium | [laboratorium] |

| lezione (f) | lesing | [lesiŋ] |
| compagno (m) di corso | medestudent | [medə·student] |

| borsa (f) di studio | beurs | [bøərs] |
| titolo (m) accademico | akademiese graad | [akademisə χrāt] |

119. Scienze. Discipline

matematica (f)	wiskunde	[viskundə]
algebra (f)	algebra	[alχebra]
geometria (f)	meetkunde	[meetkundə]

astronomia (f)	astronomie	[astronomi]
biologia (f)	biologie	[bioloχi]
geografia (f)	geografie	[χeoχrafi]
geologia (f)	geologie	[χeoloχi]
storia (f)	geskiedenis	[χeskidenis]

medicina (f)	geneeskunde	[χeneəs·kundə]
pedagogia (f)	pedagogie	[pedaχoχi]
diritto (m)	regte	[reχtə]

fisica (f)	fisika	[fisika]
chimica (f)	chemie	[χemi]
filosofia (f)	filosofie	[filosofi]
psicologia (f)	sielkunde	[silkundə]

120. Sistema di scrittura. Ortografia

grammatica (f)	grammatika	[χrammatika]
lessico (m)	woordeskat	[voərdeskat]
fonetica (f)	fonetika	[fonetika]

sostantivo (m)	selfstandige naamwoord	[sɛlfstandiχə nãmwoərt]
aggettivo (m)	byvoeglike naamwoord	[bajfuχlikə nãmvoərt]
verbo (m)	werkwoord	[verk·woərt]
avverbio (m)	bijwoord	[bij·woərt]

pronome (m)	voornaamwoord	[foərnãm·voərt]
interiezione (f)	tussenwerpsel	[tussən·werpsəl]
preposizione (f)	voorsetsel	[foərsetsəl]

radice (f)	stam	[stam]
desinenza (f)	agtervoegsel	[aχtər·fuχsəl]
prefisso (m)	voorvoegsel	[foər·fuχsəl]
sillaba (f)	lettergreep	[lɛttər·χreəp]
suffisso (m)	agtervoegsel, suffiks	[aχtər·fuχsəl], [suffiks]

| accento (m) | klemteken | [klem·tekən] |
| apostrofo (m) | afkappingsteken | [afkappiŋs·tekən] |

punto (m)	punt	[punt]
virgola (f)	komma	[komma]
punto (m) e virgola	kommapunt	[komma·punt]
due punti	dubbelpunt	[dubbəl·punt]
puntini di sospensione	beletselteken	[beletsəl·tekən]

| punto (m) interrogativo | vraagteken | [frãχ·tekən] |
| punto (m) esclamativo | uitroepteken | [œitrup·tekən] |

virgolette (f pl)	aanhalingstekens	[ānhaliŋs·tekəŋs]
tra virgolette	tussen aanhalingstekens	[tussən ānhaliŋs·tekəŋs]
parentesi (f pl)	hakies	[hakis]
tra parentesi	tussen hakies	[tussən hakis]
trattino (m)	koppelteken	[koppəl·tekən]
lineetta (f)	strepie	[strepi]
spazio (m) (tra due parole)	spasie	[spasi]
lettera (f)	letter	[lɛttər]
lettera (f) maiuscola	hoofletter	[hoəf·lɛttər]
vocale (f)	klinker	[klinkər]
consonante (f)	konsonant	[koŋsonant]
proposizione (f)	sin	[sin]
soggetto (m)	onderwerp	[ondərwerp]
predicato (m)	predikaat	[predikāt]
riga (f)	reël	[reɛl]
capoverso (m)	paragraaf	[paraχrāf]
parola (f)	woord	[voərt]
gruppo (m) di parole	woordgroep	[voərt·χrup]
espressione (f)	uitdrukking	[œitdrukkiŋ]
sinonimo (m)	sinoniem	[sinonim]
antonimo (m)	antoniem	[antonim]
regola (f)	reël	[reɛl]
eccezione (f)	uitsondering	[œitsondəriŋ]
giusto (corretto)	korrek	[korrek]
coniugazione (f)	vervoeging	[ferfuχiŋ]
declinazione (f)	verbuiging	[ferbœəχiŋ]
caso (m) nominativo	naamval	[nāmfal]
domanda (f)	vraag	[frāχ]
sottolineare (vt)	onderstreep	[ondərstreəp]
linea (f) tratteggiata	stippellyn	[stippəl·lajn]

121. Lingue straniere

lingua (f)	taal	[tāl]
straniero (agg)	vreemd	[freemt]
lingua (f) straniera	vreemde taal	[freemdə tāl]
studiare (vt)	studeer	[studeər]
imparare (una lingua)	leer	[leər]
leggere (vi, vt)	lees	[leəs]
parlare (vi, vt)	praat	[prāt]
capire (vt)	verstaan	[ferstān]
scrivere (vi, vt)	skryf	[skrajf]
rapidamente	vinnig	[finnəχ]
lentamente	stadig	[stadəχ]

correntemente	vlot	[flot]
regole (f pl)	reëls	[reɛls]
grammatica (f)	grammatika	[χrammatika]
lessico (m)	woordeskat	[voərdeskat]
fonetica (f)	fonetika	[fonetika]

manuale (m)	handboek	[hand·buk]
dizionario (m)	woordeboek	[voərdə·buk]
manuale (m) autodidattico	selfstudie boek	[sɛlfstudi buk]
frasario (m)	taalgids	[tāl·χids]

cassetta (f)	kasset	[kasset]
videocassetta (f)	videoband	[video·bant]
CD (m)	CD	[se·de]
DVD (m)	DVD	[de·fe·de]

alfabeto (m)	alfabet	[alfabet]
compitare (vt)	spel	[spel]
pronuncia (f)	uitspraak	[œitsprāk]
accento (m)	aksent	[aksent]

| vocabolo (m) | woord | [voərt] |
| significato (m) | betekenis | [betekənis] |

corso (m) (~ di francese)	kursus	[kursus]
iscriversi (vr)	inskryf	[inskrajf]
insegnante (m, f)	onderwyser	[ondərwajsər]

traduzione (f) (fare una ~)	vertaling	[fertaliŋ]
traduzione (f) (un testo)	vertaling	[fertaliŋ]
traduttore (m)	vertaler	[fertalər]
interprete (m)	tolk	[tolk]

| poliglotta (m) | poliglot | [poliχlot] |
| memoria (f) | geheue | [χəhøə] |

122. Personaggi delle fiabe

Babbo Natale (m)	Kersvader	[kers·fadər]
Cenerentola (f)	Assepoester	[assepustər]
sirena (f)	meermin	[meərmin]
Nettuno (m)	Neptunus	[neptunus]

mago (m)	towenaar	[tovenār]
fata (f)	feetjie	[feəki]
magico (agg)	magies	[maχis]
bacchetta (f) magica	towerstaf	[tovər·staf]

fiaba (f), favola (f)	sprokie	[sproki]
miracolo (m)	wonderwerk	[vondərwerk]
nano (m)	dwerg	[dwerχ]
trasformarsi in …	verander in …	[ferandər in …]
fantasma (m)	spook	[spoək]
spettro (m)	gees	[χeəs]

mostro (m)	monster	[mɔŋstər]
drago (m)	draak	[drāk]
gigante (m)	reus	[røəs]

123. Segni zodiacali

Ariete (m)	Ram	[ram]
Toro (m)	Stier	[stir]
Gemelli (m pl)	Tweelinge	[tweəliŋə]
Cancro (m)	Kreef	[kreəf]
Leone (m)	Leeu	[liʊ]
Vergine (f)	Maagd	[mã̄χt]

Bilancia (f)	Weegskaal	[veəχskāl]
Scorpione (m)	Skerpioen	[skerpiun]
Sagittario (m)	Boogskutter	[boəχskuttər]
Capricorno (m)	Steenbok	[steənbok]
Acquario (m)	Waterman	[vatərman]
Pesci (m pl)	Visse	[fissə]

carattere (m)	karakter	[karaktər]
tratti (m pl) del carattere	karaktertrekke	[karaktər·trɛkkə]
comportamento (m)	gedrag	[χedraχ]
predire il futuro	waarsê	[vārsɛ:]
cartomante (f)	waarsêer	[vārsɛər]
oroscopo (m)	horoskoop	[horoskoəp]

Arte

124. Teatro

teatro (m)	teater	[teatər]
opera (f)	opera	[opera]
operetta (f)	operette	[operɛttə]
balletto (m)	ballet	[ballet]

cartellone (m)	plakkaat	[plakkāt]
compagnia (f) teatrale	teatergeselskap	[teatər·ɣesɛlskap]
tournée (f)	toer	[tur]
andare in tourn?e	op toer wees	[op tur veəs]
fare le prove	repeteer	[repeteər]
prova (f)	repetisie	[repetisi]
repertorio (m)	repertoire	[repertuarə]

rappresentazione (f)	voorstelling	[foərstɛlliŋ]
spettacolo (m)	opvoering	[opfuriŋ]
opera (f) teatrale	toneelstuk	[toneəl·stuk]

biglietto (m)	kaartjie	[kārki]
botteghino (m)	loket	[lokət]
hall (f)	voorportaal	[foər·portāl]
guardaroba (f)	bewaarkamer	[bevār·kamər]
cartellino (m) del guardaroba	bewaarkamerkaartjie	[bevār·kamər·kārki]
binocolo (m)	verkyker	[ferkajkər]
maschera (f)	plekaanwyser	[plek·ānwajsər]

platea (f)	stalles	[stalles]
balconata (f)	balkon	[balkon]
prima galleria (f)	eerste balkon	[eərstə balkon]
palco (m)	losie	[losi]
fila (f)	ry	[raj]
posto (m)	sitplek	[sitplek]

pubblico (m)	gehoor	[χehoər]
spettatore (m)	toehoorders	[tuhoərders]
battere le mani	klap	[klap]
applauso (m)	applous	[applæus]
ovazione (f)	toejuiging	[tujœəχiŋ]

palcoscenico (m)	verhoog	[ferhoəχ]
sipario (m)	gordyn	[χordajn]
scenografia (f)	dekor	[dekor]
quinte (f pl)	agter die verhoog	[aχter di ferhoəχ]

scena (f) (l'ultima ~)	toneel	[toneəl]
atto (m)	bedryf	[bedrajf]
intervallo (m)	pouse	[pæusə]

125. Cinema

| attore (m) | akteur | [aktøər] |
| attrice (f) | aktrise | [aktrisə] |

cinema (m) (industria)	filmbedryf	[film·bedrajf]
film (m)	fliek	[flik]
puntata (f)	episode	[ɛpisodə]

film (m) giallo	speurfliek	[spøər·flik]
film (m) d'azione	aksiefliek	[aksi·flik]
film (m) d'avventure	avontuurfliek	[afontɪr·flik]
film (m) di fantascienza	wetenskapfiksiefilm	[vetɛŋskapfiksi·film]
film (m) d'orrore	gruwelfliek	[χruvɛl·flik]

film (m) comico	komedie	[komedi]
melodramma (m)	melodrama	[melodrama]
dramma (m)	drama	[drama]

film (m) a soggetto	rolprent	[rolprent]
documentario (m)	dokumentêre rolprent	[dokumentɛrə rolprent]
cartoni (m pl) animati	tekenfilm	[tekən·film]
cinema (m) muto	stilprent	[stil·prent]
parte (f)	rol	[rol]
parte (f) principale	hoofrol	[hoəf·rol]
recitare (vi, vt)	speel	[speəl]

star (f), stella (f)	filmster	[film·stər]
noto (agg)	bekend	[bekent]
famoso (agg)	beroemd	[berumt]
popolare (agg)	gewild	[χevilt]

sceneggiatura (m)	draaiboek	[drājbuk]
sceneggiatore (m)	draaiboekskrywer	[drājbuk·skrajvər]
regista (m)	filmregisseur	[film·reχissøər]
produttore (m)	produsent	[produsent]
assistente (m)	assistent	[assistent]
cameraman (m)	kameraman	[kameraman]
cascatore (m)	waaghals	[vāχhals]
controfigura (f)	dubbel	[dubbəl]

provino (m)	filmtoets	[film·tuts]
ripresa (f)	skiet	[skit]
troupe (f) cinematografica	filmspan	[film·span]
set (m)	rolprentstel	[rolprent·stəl]
cinepresa (f)	kamera	[kamera]

| cinema (m) (~ all'aperto) | bioskoop | [bioskoəp] |
| schermo (m) | skerm | [skerm] |

colonna (f) sonora	klankbaan	[klank·bān]
effetti (m pl) speciali	spesiale effekte	[spesialə ɛffektə]
sottotitoli (m pl)	onderskrif	[ondərskrif]
titoli (m pl) di coda	erkenning	[ɛrkɛnniŋ]
traduzione (f)	vertaling	[fertaliŋ]

126. Pittura

arte (f)	kuns	[kuns]
belle arti (f pl)	skone kunste	[skonə kunstə]
galleria (f) d'arte	kunsgalery	[kuns·χaleraj]
mostra (f)	kunsuitstalling	[kuns·œitstalliŋ]
pittura (f)	skildery	[skilderaj]
grafica (f)	grafiese kuns	[χrafisə kuns]
astrattismo (m)	abstrakte kuns	[abstraktə kuns]
impressionismo (m)	impressionisme	[imprɛssionismə]
quadro (m)	skildery	[skilderaj]
disegno (m)	tekening	[tekəniŋ]
cartellone, poster (m)	plakkaat	[plakkãt]
illustrazione (f)	illustrasie	[illustrasi]
miniatura (f)	miniatuur	[miniatɪr]
copia (f)	kopie	[kopi]
riproduzione (f)	reproduksie	[reproduksi]
mosaico (m)	mosaiek	[mosajek]
vetrata (f)	gebrandskilderde venster	[χebrandskilderdə fɛŋstər]
affresco (m)	fresko	[fresko]
incisione (f)	gravure	[χrafurə]
busto (m)	borsbeeld	[borsbeəlt]
scultura (f)	beeldhouwerk	[beəldhæʊverk]
statua (f)	standbeeld	[standbeəlt]
gesso (m)	gips	[χips]
in gesso	gips-	[χips-]
ritratto (m)	portret	[portret]
autoritratto (m)	selfportret	[sɛlf·portret]
paesaggio (m)	landskap	[landskap]
natura (f) morta	stillewe	[stillevə]
caricatura (f)	karikatuur	[karikatɪr]
abbozzo (m)	skets	[skets]
colore (m)	verf	[ferf]
acquerello (m)	waterverf	[vatər·ferf]
olio (m)	olieverf	[oli·ferf]
matita (f)	potlood	[potloət]
inchiostro (m) di china	Indiese ink	[indisə ink]
carbone (m)	houtskool	[hæʊts·koəl]
disegnare (a matita)	teken	[tekən]
dipingere (un quadro)	skilder	[skildər]
posare (vi)	poseer	[poseər]
modello (m)	naakmodel	[nãkmodəl]
modella (f)	naakmodel	[nãkmodəl]
pittore (m)	kunstenaar	[kunstenãr]
opera (f) d'arte	kunswerk	[kuns·werk]

| capolavoro (m) | meesterstuk | [meester·stuk] |
| laboratorio (m) (di artigiano) | studio | [studio] |

tela (f)	doek	[duk]
cavalletto (m)	skildersesel	[skilders·esel]
tavolozza (f)	palet	[palet]

cornice (f) (~ di un quadro)	raam	[rām]
restauro (m)	restourasie	[restæurasi]
restaurare (vt)	restoureer	[restæureer]

127. Letteratura e poesia

letteratura (f)	literatuur	[literatır]
autore (m)	skrywer	[skrajver]
pseudonimo (m)	skuilnaam	[skœil·nām]

libro (m)	boek	[buk]
volume (m)	deel	[deel]
sommario (m), indice (m)	inhoudsopgawe	[inhæuds·opχave]
pagina (f)	bladsy	[bladsaj]
protagonista (m)	hoofkarakter	[hoef·karakter]
autografo (m)	outograaf	[æutoχrāf]

racconto (m)	kortverhaal	[kort·ferhāl]
romanzo (m) breve	novelle	[nofɛlle]
romanzo (m)	roman	[roman]
opera (f) (~ letteraria)	werk	[verk]
favola (f)	fabel	[fabel]
giallo (m)	speurroman	[spøer·roman]

verso (m)	gedig	[χedeχ]
poesia (f) (~ lirica)	digkuns	[diχkuns]
poema (m)	epos	[ɛpos]
poeta (m)	digter	[diχter]

narrativa (f)	fiksie	[fiksi]
fantascienza (f)	wetenskapsfiksie	[vetɛŋskaps·fiksi]
avventure (f pl)	avonture	[afonture]
letteratura (f) formativa	opvoedkundige literatuur	[opfutkundiχe literatır]
libri (m pl) per l'infanzia	kinderliteratuur	[kinder·literatır]

128. Circo

circo (m)	sirkus	[sirkus]
tendone (m) del circo	rondreisende sirkus	[rondræjsende sirkus]
programma (m)	program	[proχram]
spettacolo (m)	voorstelling	[foerstɛlliŋ]

numero (m)	nommer	[nommer]
arena (f)	sirkusring	[sirkus·riŋ]
pantomima (m)	pantomime	[pantomime]

pagliaccio (m)	hanswors	[haŋswors]
acrobata (m)	akrobaat	[akrobãt]
acrobatica (f)	akrobatiek	[akrobatik]
ginnasta (m)	gimnas	[χimnas]
ginnastica (m)	gimnastiek	[χimnastik]
salto (m) mortale	salto	[salto]

forzuto (m)	atleet	[atleət]
domatore (m)	temmer	[tɛmmər]
cavallerizzo (m)	ruiter	[rœitər]
assistente (m)	assistent	[assistent]

acrobazia (f)	waaghalsige toertjie	[vāχhalsiχə turki]
gioco (m) di prestigio	goëltoertjie	[χoɛl·turki]
prestigiatore (m)	goëlaar	[χoɛlãr]

giocoliere (m)	jongleur	[jonχløər]
giocolare (vi)	jongleer	[jonχleər]
ammaestratore (m)	dresseerder	[drɛsseər·dər]
ammaestramento (m)	dressering	[drɛsseriŋ]
ammaestrare (vt)	afrig	[afrəχ]

129. Musica. Musica pop

musica (f)	musiek	[musik]
musicista (m)	musikant	[musikant]
strumento (m) musicale	musiekinstrument	[musik·instrument]
suonare ...	speel ...	[speəl ...]

chitarra (f)	kitaar	[kitãr]
violino (m)	viool	[fioəl]
violoncello (m)	tjello	[ʧello]
contrabbasso (m)	kontrabas	[kontrabas]
arpa (f)	harp	[harp]

pianoforte (m)	piano	[piano]
pianoforte (m) a coda	vleuelklavier	[fløɛl·klafir]
organo (m)	orrel	[orrəl]

strumenti (m pl) a fiato	blaasinstrumente	[blãs·instrumentə]
oboe (m)	hobo	[hobo]
sassofono (m)	saksofoon	[saksofoən]
clarinetto (m)	klarinet	[klarinet]
flauto (m)	dwarsfluit	[dwars·flœit]
tromba (f)	trompet	[trompet]

fisarmonica (f)	trekklavier	[trɛkklafir]
tamburo (m)	trommel	[tromməl]

duetto (m)	duet	[duet]
trio (m)	trio	[trio]
quartetto (m)	kwartet	[kwartet]
coro (m)	koor	[koər]
orchestra (f)	orkes	[orkes]

musica (f) pop	popmusiek	[pop·musik]
musica (f) rock	rockmusiek	[rok·musik]
gruppo (m) rock	rockgroep	[rok·χrup]
jazz (m)	jazz	[jazz]
idolo (m)	held	[hɛlt]
ammiratore (m)	bewonderaar	[bevondərãr]
concerto (m)	konsert	[kɔŋsert]
sinfonia (f)	simfonie	[simfoni]
composizione (f)	komposisie	[komposisi]
comporre (vt), scrivere (vt)	komponeer	[komponeər]
canto (m)	sang	[saŋ]
canzone (f)	lied	[lit]
melodia (f)	wysie	[vajsi]
ritmo (m)	ritme	[ritmə]
blues (m)	blues	[blues]
note (f pl)	bladmusiek	[blad·musik]
bacchetta (f)	dirigeerstok	[diriχeər·stok]
arco (m)	strykstok	[strajk·stok]
corda (f)	snaar	[snãr]
custodia (f) (~ della chitarra)	houer	[hæʋər]

Ristorante. Intrattenimento. Viaggi

130. Escursione. Viaggio

turismo (m)	toerisme	[turismə]
turista (m)	toeris	[turis]
viaggio (m) (all'estero)	reis	[ræjs]
avventura (f)	avontuur	[afontɪr]
viaggio (m) (corto)	reis	[ræjs]
vacanza (f)	vakansie	[fakaŋsi]
essere in vacanza	met vakansie wees	[met fakaŋsi veəs]
riposo (m)	rus	[rus]
treno (m)	trein	[træjn]
in treno	per trein	[pər træjn]
aereo (m)	vliegtuig	[fliχtœiχ]
in aereo	per vliegtuig	[pər fliχtœiχ]
in macchina	per motor	[pər motor]
in nave	per skip	[pər skip]
bagaglio (m)	bagasie	[baχasi]
valigia (f)	tas	[tas]
carrello (m)	bagasiekarretjie	[baχasi·karrəki]
passaporto (m)	paspoort	[paspoərt]
visto (m)	visum	[fisum]
biglietto (m)	kaartjie	[kãrki]
biglietto (m) aereo	lugkaartjie	[luχ·kãrki]
guida (f)	reisgids	[ræjsχids]
carta (f) geografica	kaart	[kãrt]
località (f)	gebied	[χebit]
luogo (m)	plek	[plek]
ogetti (m pl) esotici	eksotiese dinge	[ɛksotisə diŋə]
esotico (agg)	eksoties	[ɛksotis]
sorprendente (agg)	verbasend	[ferbasent]
gruppo (m)	groep	[χrup]
escursione (f)	uitstappie	[œitstappi]
guida (f) (cicerone)	gids	[χids]

131. Hotel

alberqo, hotel (m)	hotel	[hotəl]
motel (m)	motel	[motəl]
tre stelle	drie-ster	[dri-stər]

| cinque stelle | vyf-ster | [fajf-stər] |
| alloggiare (vi) | oornag | [oərnaχ] |

camera (f)	kamer	[kamər]
camera (f) singola	enkelkamer	[ɛnkəl·kamər]
camera (f) doppia	dubbelkamer	[dubbəl·kamər]

| mezza pensione (f) | met aandete, bed en ontbyt | [met āndetə], [bet en ontbajt] |
| pensione (f) completa | volle losies | [follə losis] |

con bagno	met bad	[met bat]
con doccia	met stortbad	[met stort·bat]
televisione (f) satellitare	satelliet-TV	[satɛllit-te·fe]
condizionatore (m)	lugversorger	[luχfersorχər]
asciugamano (m)	handdoek	[handduk]
chiave (f)	sleutel	[sløətəl]

amministratore (m)	bestuurder	[bestɪrdər]
cameriera (f)	kamermeisie	[kamər·mæjsi]
portabagagli (m)	hoteljoggie	[hotəl·joχi]
portiere (m)	portier	[portir]

ristorante (m)	restaurant	[restourant]
bar (m)	kroeg	[kruχ]
colazione (f)	ontbyt	[ontbajt]
cena (f)	aandete	[āndetə]
buffet (m)	buffetete	[buffetetə]

| hall (f) (atrio d'ingresso) | voorportaal | [foər·portāl] |
| ascensore (m) | hysbak | [hajsbak] |

| NON DISTURBARE | MOENIE STEUR NIE | [muni støər ni] |
| VIETATO FUMARE! | ROOK VERBODE | [roək ferbodə] |

132. Libri. Lettura

libro (m)	boek	[buk]
autore (m)	outeur	[æʊtøər]
scrittore (m)	skrywer	[skrajvər]
scrivere (vi, vt)	skryf	[skrajf]

lettore (m)	leser	[lesər]
leggere (vi, vt)	lees	[leəs]
lettura (f) (sala di ~)	lees	[leəs]

| in silenzio (leggere ~) | stil | [stil] |
| ad alta voce | hardop | [hardop] |

pubblicare (vt)	uitgee	[œitχeə]
pubblicazione (f)	uitgee	[œitχeə]
editore (m)	uitgewer	[œitχevər]
casa (f) editrice	uitgewery	[œitχevəraj]
uscire (vi)	verskyn	[ferskajn]
uscita (f)	verskyn	[ferskajn]

tiratura (f)	oplaag	[oplāχ]
libreria (f)	boekhandel	[buk·handəl]
biblioteca (f)	biblioteek	[biblioteək]
romanzo (m) breve	novelle	[nofɛllə]
racconto (m)	kortverhaal	[kort·ferhāl]
romanzo (m)	roman	[roman]
giallo (m)	speurroman	[spøər·roman]
memorie (f pl)	memoires	[memuares]
leggenda (f)	legende	[leχendə]
mito (m)	mite	[mitə]
poesia (f), versi (m pl)	poësie	[poɛsi]
autobiografia (f)	outobiografie	[æʊtobioχrafi]
opere (f pl) scelte	bloemlesing	[blumlesiŋ]
fantascienza (f)	wetenskapsfiksie	[vetɛŋskaps·fiksi]
titolo (m)	titel	[titel]
introduzione (f)	inleiding	[inlæjdiŋ]
frontespizio (m)	titelblad	[titel·blat]
capitolo (m)	hoofstuk	[hoəfstuk]
frammento (m)	fragment	[fraχment]
episodio (m)	episode	[ɛpisodə]
soggetto (m)	plot	[plot]
contenuto (m)	inhoud	[inhæʊt]
sommario (m)	inhoudsopgawe	[inhæʊds·opχavə]
protagonista (m)	hoofkarakter	[hoəf·karaktər]
volume (m)	deel	[deəl]
copertina (f)	omslag	[omslaχ]
rilegatura (f)	band	[bant]
segnalibro (m)	bladwyser	[blat·vajsər]
pagina (f)	bladsy	[bladsaj]
sfogliare (~ le pagine)	deurblaai	[døərblāi]
margini (m pl)	marges	[marχəs]
annotazione (f)	annotasie	[annotasi]
nota (f) (a fondo pagina)	voetnota	[fut·nota]
testo (m)	teks	[teks]
carattere (m)	lettertipe	[lɛttər·tipə]
refuso (m)	drukfout	[druk·fæʊt]
traduzione (f)	vertaling	[fertaliŋ]
tradurre (vt)	vertaal	[fertāl]
originale (m) (leggere l'~)	oorspronklike	[oərspronklikə]
famoso (agg)	beroemd	[berumt]
sconosciuto (agg)	onbekend	[onbekent]
interessante (agg)	interessante	[interessantə]
best seller (m)	blitsverkoper	[blits·ferkopər]
dizionario (m)	woordeboek	[voərdə·buk]
manuale (m)	handbook	[hand·buk]
enciclopedia (f)	ensiklopedie	[ɛŋsiklopedi]

133. Caccia. Pesca

caccia (f)	jag	[jaχ]
cacciare (vt)	jag	[jaχ]
cacciatore (m)	jagter	[jaχtər]

sparare (vi)	skiet	[skit]
fucile (m)	geweer	[χeveər]
cartuccia (f)	patroon	[patroən]
pallini (m pl) da caccia	hael	[haəl]
tagliola (f) (~ per orsi)	slagyster	[slaχ·ajstər]
trappola (f) (~ per uccelli)	valstrik	[falstrik]
cadere in trappola	in die valstrik trap	[in di falstrik trap]
tendere una trappola	n valstrik lê	[ə falstrik lɛ:]

bracconiere (m)	wildstroper	[vilt·stropər]
cacciagione (m)	wild	[vilt]
cane (m) da caccia	jaghond	[jaχ·hont]
safari (m)	safari	[safari]
animale (m) impagliato	opgestopte dier	[opχestoptə dir]

pescatore (m)	visterman	[fisterman]
pesca (f)	vis vang	[fis faŋ]
pescare (vi)	vis vang	[fis faŋ]

canna (f) da pesca	visstok	[fis·stok]
lenza (f)	vislyn	[fis·lajn]
amo (m)	vishoek	[fis·huk]
galleggiante (m)	vlotter	[flottər]
esca (f)	aas	[ãs]

lanciare la canna	lyngooi	[lajnχoj]
abboccare (pesce)	byt	[bajt]
pescato (m)	vang	[faŋ]
buco (m) nel ghiaccio	gat in die ys	[χat in di ajs]

rete (f)	visnet	[fis·net]
barca (f)	boot	[boət]
gettare la rete	die net gooi	[di net χoj]
tirare le reti	die net intrek	[di net intrek]
cadere nella rete	in die net val	[in di net fal]

baleniere (m)	walvisvanger	[valfis·vaŋər]
baleniera (f) (nave)	walvisboot	[valfis·boət]
rampone (m)	harpoen	[harpun]

134. Ciochi. Biliardo

biliardo (m)	biljart	[biljart]
sala (f) da biliardo	biljartkamer	[biljart·kamər]
bilia (f)	bal	[bal]
stecca (f) da biliardo	biljartstok	[biljart·stok]
buca (f)	sakkie	[sakki]

135. Giochi. Carte da gioco

quadri (m pl)	diamante	[diamantə]
picche (f pl)	skoppens	[skoppɛns]
cuori (m pl)	harte	[hartə]
fiori (m pl)	klawers	[klavərs]

asso (m)	aas	[ãs]
re (m)	koning	[koniŋ]
donna (f)	dame	[damə]
fante (m)	boer	[bur]

carta (f) da gioco	speelkaart	[speəl·kãrt]
carte (f pl)	kaarte	[kãrtə]
briscola (f)	troefkaart	[truf·kãrt]
mazzo (m) di carte	pak kaarte	[pak kãrtə]

punto (m)	punt	[punt]
dare le carte	uitdeel	[œitdeəl]
mescolare (~ le carte)	skommel	[skomməl]
turno (m)	beurt	[bøərt]
baro (m)	valsspeler	[fals·spelər]

136. Riposo. Giochi. Varie

passeggiare (vi)	wandel	[vandəl]
passeggiata (f)	wandeling	[vandəliŋ]
gita (f)	motorrit	[motor·rit]
avventura (f)	avontuur	[afontɪr]
picnic (m)	piekniek	[piknik]

gioco (m)	spel	[spel]
giocatore (m)	speler	[spelər]
partita (f) (~ a scacchi)	spel	[spel]

collezionista (m)	versamelaar	[fersamelãr]
collezionare (vt)	versamel	[fersaməl]
collezione (f)	versameling	[fersaməliŋ]
cruciverba (m)	blokkiesraaisel	[blokkis·rãisəl]
ippodromo (m)	perderesiesbaan	[perdə·resisbãn]
discoteca (f)	disko	[disko]

sauna (f)	sauna	[sɔuna]
lotteria (f)	lotery	[loteraj]

campeggio (m)	kampeeruitstappie	[kampeər·ajtstappi]
campo (m)	kamp	[kamp]
tenda (f) da campeggio	tent	[tɛnt]
bussola (f)	kompas	[kompas]
campeggiatore (m)	kampeerder	[kampeərdər]
guardare (~ un film)	kyk	[kajk]
telespettatore (m)	kyker	[kajkər]
trasmissione (f)	TV-program	[te·fe-proχram]

137. Fotografia

macchina (f) fotografica	kamera	[kamera]
fotografia (f)	foto	[foto]
fotografo (m)	fotograaf	[fotoχrãf]
studio (m) fotografico	fotostudio	[foto·studio]
album (m) di fotografie	fotoalbum	[foto·album]
obiettivo (m)	kameralens	[kamera·lɛŋs]
teleobiettivo (m)	telefotolens	[telefoto·lɛŋs]
filtro (m)	filter	[filtər]
lente (f)	lens	[lɛŋs]
ottica (f)	optiek	[optik]
diaframma (m)	diafragma	[diafraχma]
tempo (m) di esposizione	beligtingstyd	[beliχtiŋs·tajt]
mirino (m)	soeker	[sukər]
fotocamera (f) digitale	digitale kamera	[diχitalə kamera]
cavalletto (m)	driepoot	[dripoət]
flash (m)	flits	[flits]
fotografare (vt)	fotografeer	[fotoχrafeər]
fare foto	fotografeer	[fotoχrafeər]
fotografarsi	jou portret laat maak	[jæʊ portret lãt mãk]
fuoco (m)	fokus	[fokus]
mettere a fuoco	fokus	[fokus]
nitido (agg)	skerp	[skerp]
nitidezza (f)	skerpheid	[skerphæjt]
contrasto (m)	kontras	[kontras]
contrastato (agg)	kontrasryk	[kontrasrajk]
foto (f)	kiekie	[kiki]
negativa (f)	negatief	[neχatif]
pellicola (f) fotografica	rolfilm	[rolfilm]
fotogramma (m)	raampie	[rãmpi]
stampare (~ le foto)	druk	[druk]

138. Spiaggia. Nuoto

spiaggia (f)	strand	[strant]
sabbia (f)	sand	[sant]
deserto (agg)	verlate	[ferlatə]
abbronzatura (f)	sonbruin kleur	[sonbrœin kløər]
abbronzarsi (vr)	bruinbrand	[brœinbrant]
abbronzato (agg)	bruingebrand	[brœiŋəbrant]
crema (f) solare	sonskermroom	[sɔŋ·skerm·roəm]
bikini (m)	bikini	[bikini]
costume (m) da bagno	baaikostuum	[bãj·kostɪm]

slip (m) da bagno	baaibroek	[bāj·bruk]
piscina (f)	swembad	[swem·bat]
nuotare (vi)	swem	[swem]
doccia (f)	stort	[stort]
cambiarsi (~ i vestiti)	verklee	[ferkleə]
asciugamano (m)	handdoek	[handduk]
barca (f)	boot	[boət]
motoscafo (m)	motorboot	[motor·boət]
sci (m) nautico	waterski	[vatər·ski]
pedalò (m)	waterfiets	[vatər·fits]
surf (m)	branderplankry	[brandərplank·raj]
surfista (m)	branderplankryer	[brandərplank·rajer]
autorespiratore (m)	duiklong	[dœiklɔŋ]
pinne (f pl)	paddavoet	[padda·fut]
maschera (f)	duikmasker	[dœik·maskər]
subacqueo (m)	duiker	[dœikər]
tuffarsi (vr)	duik	[dœik]
sott'acqua	onder water	[ondər vatər]
ombrellone (m)	strandsambreel	[strand·sambreəl]
sdraio (f)	strandstoel	[strand·stul]
occhiali (m pl) da sole	sonbril	[son·bril]
materasso (m) ad aria	opblaasmatras	[opblās·matras]
giocare (vi)	speel	[speəl]
fare il bagno	gaan swem	[χān swem]
pallone (m)	strandbal	[strand·bal]
gonfiare (vt)	opblaas	[opblās]
gonfiabile (agg)	opblaas-	[opblās-]
onda (f)	golf	[χolf]
boa (f)	boei	[bui]
annegare (vi)	verdrink	[ferdrink]
salvare (vt)	red	[ret]
giubbotto (m) di salvataggio	reddingsbaadjie	[rɛddiŋs·bādʒi]
osservare (vt)	dophou	[dophæʊ]
bagnino (m)	lewensredder	[levɛŋs·rɛddər]

125

ATTREZZATURA TECNICA. MEZZI DI TRASPORTO

Attrezzatura tecnica

139. Computer

computer (m)	rekenaar	[rekənãr]
computer (m) portatile	skootrekenaar	[skoət·rekənãr]
accendere (vt)	aanskakel	[ãŋskakəl]
spegnere (vt)	afskakel	[afskakəl]
tastiera (f)	toetsbord	[tuts·bort]
tasto (m)	toets	[tuts]
mouse (m)	muis	[mœis]
tappetino (m) del mouse	muismatjie	[mœis·maki]
tasto (m)	knop	[knop]
cursore (m)	loper	[lopər]
monitor (m)	monitor	[monitor]
schermo (m)	skerm	[skerm]
disco (m) rigido	harde skyf	[hardə skajf]
spazio (m) sul disco rigido	harde skyf se vermoë	[hardə skajf sə fermoɛ]
memoria (f)	geheue	[χəhøə]
memoria (f) operativa	RAM-geheue	[ram-χehøəə]
file (m)	lêer	[lɛər]
cartella (f)	gids	[χids]
aprire (vt)	oopmaak	[oəpmãk]
chiudere (vt)	sluit	[slœit]
salvare (vt)	bewaar	[bevãr]
eliminare (vt)	uitvee	[œitfeə]
copiare (vt)	kopieer	[kopir]
ordinare (vt)	sorteer	[sorteər]
trasferire (vt)	oorplaas	[oərplãs]
programma (m)	program	[proχram]
software (m)	sagteware	[saχtevarə]
programmatore (m)	programmeur	[proχrammøər]
programmare (vt)	programmeer	[proχrammeər]
hacker (m)	kuberkraker	[kubər·krakər]
password (f)	wagwoord	[vaχ·woərt]
virus (m)	virus	[firus]
trovare (un virus, ecc.)	opspoor	[opspoər]
byte (m)	greep	[χreəp]

megabyte (m)	megagreep	[meχaχreəp]
dati (m pl)	data	[data]
database (m)	databasis	[data·basis]

cavo (m)	kabel	[kabəl]
sconnettere (vt)	ontkoppel	[ontkoppəl]
collegare (vt)	konnekteer	[konnekteər]

140. Internet. Posta elettronica

internet (f)	internet	[internet]
navigatore (m)	webblaaier	[veb·blājer]
motore (m) di ricerca	soekenjin	[suk·ɛnʤin]
provider (m)	verskaffer	[ferskaffər]

webmaster (m)	webmeester	[veb·meəstər]
sito web (m)	webwerf	[veb·werf]
pagina web (f)	webblad	[veb·blat]

indirizzo (m)	adres	[adres]
rubrica (f) indirizzi	adresboek	[adres·buk]

casella (f) di posta	posbus	[pos·bus]
posta (f)	pos	[pos]
troppo piena (agg)	vol	[fol]

messaggio (m)	boodskap	[boədskap]
messaggi (m pl) in arrivo	inkomende boodskappe	[inkomendə boədskappə]
messaggi (m pl) in uscita	uitgaande boodskappe	[œitχāndə boədskappə]

mittente (m)	sender	[sendər]
inviare (vt)	verstuur	[ferstɪr]
invio (m)	versending	[fersendiŋ]

destinatario (m)	ontvanger	[ontfaŋər]
ricevere (vt)	ontvang	[ontfaŋ]

corrispondenza (f)	korrespondensie	[korrespondɛŋsi]
essere in corrispondenza	korrespondeer	[korrespondeər]

file (m)	lêer	[lɛər]
scaricare (vt)	aflaai	[aflāi]
creare (vt)	skep	[skep]
eliminare (vt)	uitvee	[œitfeə]
eliminato (agg)	uitgevee	[œitχefeə]

connessione (f)	konneksie	[konneksi]
velocità (f)	spoed	[sput]
modem (m)	modem	[modem]
accesso (m)	toegang	[tuχaŋ]
porta (f)	portaal	[portāl]

collegamento (m)	aansluiting	[āŋslœitiŋ]
collegarsi a …	aansluit by …	[āŋslœit baj …]

scegliere (vt)	**kies**	[kis]
cercare (vt)	**soek**	[suk]

Mezzi di trasporto

141. Aeroplano

aereo (m)	vliegtuig	[fliχtœiχ]
biglietto (m) aereo	lugkaartjie	[luχ·kārki]
compagnia (f) aerea	lugredery	[luχrederaj]
aeroporto (m)	lughawe	[luχhavə]
supersonico (agg)	supersonies	[supersonis]
comandante (m)	kaptein	[kaptæjn]
equipaggio (m)	bemanning	[bemanniŋ]
pilota (m)	piloot	[piloət]
hostess (f)	lugwaardin	[luχ·wārdin]
navigatore (m)	navigator	[nafiχator]
ali (f pl)	vlerke	[flerkə]
coda (f)	stert	[stert]
cabina (f)	stuurkajuit	[stɪr·kajœit]
motore (m)	enjin	[εndʒin]
carrello (m) d'atterraggio	landingstel	[landiŋ·stəl]
turbina (f)	turbine	[turbinə]
elica (f)	skroef	[skruf]
scatola (f) nera	swart boks	[swart boks]
barra (f) di comando	stuurstang	[stɪr·staŋ]
combustibile (m)	brandstof	[brantstof]
safety card (f)	veiligheidskaart	[fæjliχæjts·kārt]
maschera (f) ad ossigeno	suurstofmasker	[sɪrstof·maskər]
uniforme (f)	uniform	[uniform]
giubbotto (m) di salvataggio	reddingsbaadjie	[rεddiŋs·bādʒi]
paracadute (m)	valskerm	[fal·skerm]
decollo (m)	opstyging	[opstajχiŋ]
decollare (vi)	opstyg	[opstajχ]
pista (f) di decollo	landingsbaan	[landiŋs·bān]
visibilità (f)	uitsig	[œitsəχ]
volo (m)	vlug	[fluχ]
altitudine (f)	hoogte	[hoəχtə]
vuoto (m) d'aria	lugsak	[luχsak]
posto (m)	sitplek	[sitplek]
cuffia (f)	koptelefoon	[kop·telefoən]
tavolinetto (m) pieghevole	voutafeltjie	[fæu·tafεlki]
oblò (m), finestrino (m)	vliegtuigvenster	[fliχtœiχ·fεnstər]
corridoio (m)	paadjie	[pādʒi]

142. Treno

treno (m)	trein	[træjn]
elettrotreno (m)	voorstedelike trein	[foərstedelikə træjn]
treno (m) rapido	sneltrein	[snɛl·træjn]
locomotiva (f) diesel	diesellokomotief	[disəl·lokomotif]
locomotiva (f) a vapore	stoomlokomotief	[stoəm·lokomotif]
carrozza (f)	passasierswa	[passasirs·wa]
vagone (m) ristorante	eetwa	[eət·wa]
rotaie (f pl)	spoorstawe	[spoər·stavə]
ferrovia (f)	spoorweg	[spoər·weχ]
traversa (f)	dwarslëer	[dwarslɛər]
banchina (f) (~ ferroviaria)	perron	[perron]
binario (m) (~ 1, 2)	spoor	[spoər]
semaforo (m)	semafoor	[semafoər]
stazione (f)	stasie	[stasi]
macchinista (m)	treindrywer	[træjn·drajvər]
portabagagli (m)	portier	[portir]
cuccettista (m, f)	kondukteur	[konduktøər]
passeggero (m)	passasier	[passasir]
controllore (m)	kondukteur	[konduktøər]
corridoio (m)	gang	[χaŋ]
freno (m) di emergenza	noodrem	[noədrem]
scompartimento (m)	kompartiment	[kompartiment]
cuccetta (f)	bed	[bet]
cuccetta (f) superiore	boonste bed	[boəŋstə bet]
cuccetta (f) inferiore	onderste bed	[ondərstə bet]
biancheria (f) da letto	beddegoed	[beddə·χut]
biglietto (m)	kaartjie	[kãrki]
orario (m)	diensrooster	[diŋs·roəstər]
tabellone (m) orari	informasiebord	[informasi·bort]
partire (vi)	vertrek	[fertrek]
partenza (f)	vertrek	[fertrek]
arrivare (di un treno)	aankom	[ãnkom]
arrivo (m)	aankoms	[ãnkoms]
arrivare con il treno	aankom per trein	[ãnkom pər træjn]
salire sul treno	in die trein klim	[in di træjn klim]
scendere dal treno	uit die trein klim	[œit di træjn klim]
deragliamento (m)	treinbotsing	[træjn·botsiŋ]
deragliare (vi)	ontspoor	[ontspoər]
locomotiva (f) a vapore	stoomlokomotief	[stoəm·lokomotif]
fuochista (m)	stoker	[stokər]
forno (m)	stookplek	[stoəkplek]
carbone (m)	steenkool	[steən·koəl]

143. Nave

nave (f)	skip	[skip]
imbarcazione (f)	vaartuig	[fārtœiχ]
piroscafo (m)	stoomboot	[stoəm·boət]
barca (f) fluviale	rivierboot	[rifir·boət]
transatlantico (m)	toerskip	[tur·skip]
incrociatore (m)	kruiser	[krœisər]
yacht (m)	jag	[jaχ]
rimorchiatore (m)	sleepboot	[sleəp·boət]
chiatta (f)	vragskuit	[fraχ·skœit]
traghetto (m)	veerboot	[feər·boət]
veliero (m)	seilskip	[sæjl·skip]
brigantino (m)	skoenerbrik	[skunər·brik]
rompighiaccio (m)	ysbreker	[ajs·brekər]
sottomarino (m)	duikboot	[dœik·boət]
barca (f)	roeiboot	[ruiboət]
scialuppa (f)	bootjie	[boəki]
scialuppa (f) di salvataggio	reddingsboot	[rɛddiŋs·boət]
motoscafo (m)	motorboot	[motor·boət]
capitano (m)	kaptein	[kaptæjn]
marittimo (m)	seeman	[seəman]
marinaio (m)	matroos	[matroəs]
equipaggio (m)	bemanning	[bemanniŋ]
nostromo (m)	bootsman	[boətsman]
mozzo (m) di nave	skeepsjonge	[skeəps·joŋə]
cuoco (m)	kok	[kok]
medico (m) di bordo	skeepsdokter	[skeəps·doktər]
ponte (m)	dek	[dek]
albero (m)	mas	[mas]
vela (f)	seil	[sæjl]
stiva (f)	skeepsruim	[skeəps·rœim]
prua (f)	boeg	[buχ]
poppa (f)	agterstewe	[aχtərstevə]
remo (m)	roeispaan	[ruis·pān]
elica (f)	skroef	[skruf]
cabina (f)	kajuit	[kajœit]
quadrato (m) degli ufficiali	offisierskajuit	[offisirs·kajœit]
sala (f) macchine	enjinkamer	[ɛndʒin·kamər]
ponte (m) di comando	brug	[bruχ]
cabina (f) radiotelegrafica	radiokamer	[radio·kamər]
onda (f)	golf	[χolf]
giornale (m) di bordo	logboek	[loχbuk]
cannocchiale (m)	verkyker	[ferkajkər]
campana (f)	bel	[bəl]

bandiera (f)	vlag	[flaχ]
cavo (m) (~ d'ormeggio)	kabel	[kabəl]
nodo (m)	knoop	[knoəp]

ringhiera (f)	dekleuning	[dek·løəniŋ]
passerella (f)	gangplank	[χaŋ·plank]

ancora (f)	anker	[ankər]
levare l'ancora	anker lig	[ankər ləχ]
gettare l'ancora	anker uitgooi	[ankər œitχoj]
catena (f) dell'ancora	ankerketting	[ankər·kɛttiŋ]

porto (m)	hawe	[havə]
banchina (f)	kaai	[kāi]
ormeggiarsi (vr)	vasmeer	[fasmeər]
salpare (vi)	vertrek	[fertrek]

viaggio (m)	reis	[ræjs]
crociera (f)	cruise	[kru:s]
rotta (f)	koers	[kurs]
itinerario (m)	roete	[rutə]

tratto (m) navigabile	vaarwater	[fār·vatər]
secca (f)	sandbank	[sand·bank]
arenarsi (vr)	strand	[strant]

tempesta (f)	storm	[storm]
segnale (m)	sienjaal	[sinjāl]
affondare (andare a fondo)	sink	[sink]
Uomo in mare!	Man oorboord!	[man oərboərd!]
SOS	SOS	[sos]
salvagente (m) anulare	reddingsboei	[rɛddiŋs·bui]

144. Aeroporto

aeroporto (m)	lughawe	[luχhavə]
aereo (m)	vliegtuig	[fliχtœiχ]
compagnia (f) aerea	lugredery	[luχrederaj]
controllore (m) di volo	lugverkeersleier	[luχ·ferkeərs·læjer]

partenza (f)	vertrek	[fertrek]
arrivo (m)	aankoms	[ānkoms]
arrivare (vi)	aankom	[ānkom]

ora (f) di partenza	vertrektyd	[fertrək·tajt]
ora (f) di arrivo	aankomstyd	[ānkoms·tajt]

essere ritardato	vertraag wees	[fertrāχ veəs]
volo (m) ritardato	vlugvertraging	[fluχ·fertraχiŋ]

tabellone (m) orari	informasiebord	[informasi·bort]
informazione (f)	informasie	[informasi]
annunciare (vt)	aankondig	[ānkondəχ]
volo (m)	vlug	[fluχ]

| dogana (f) | doeane | [duanə] |
| doganiere (m) | doeanebeampte | [duanə·beamptə] |

dichiarazione (f)	doeaneverklaring	[duanə·ferklariŋ]
riempire	invul	[inful]
(~ una dichiarazione)		
controllo (m) passaporti	paspoortkontrole	[paspoərt·kontrolə]

bagaglio (m)	bagasie	[baχasi]
bagaglio (m) a mano	handbagasie	[hand·baχasi]
carrello (m)	bagasiekarretjie	[baχasi·karrəki]

atterraggio (m)	landing	[landiŋ]
pista (f) di atterraggio	landingsbaan	[landiŋs·bān]
atterrare (vi)	land	[lant]
scaletta (f) dell'aereo	vliegtuigtrap	[fliχtœiχ·trap]

check-in (m)	na die vertrektoonbank	[na di fertrək·toənbank]
banco (m) del check-in	vertrektoonbank	[fertrək·toənbank]
fare il check-in	na die vertrektoonbank gaan	[na di fertrək·toənbank χān]
carta (f) d'imbarco	instapkaart	[instap·kārt]
porta (f) d'imbarco	vertrekuitgang	[fertrek·œitχaŋ]

transito (m)	transito	[traŋsito]
aspettare (vt)	wag	[vaχ]
sala (f) d'attesa	vertreksaal	[fertrək·sāl]
accompagnare (vt)	afsien	[afsin]
congedarsi (vr)	afskeid neem	[afskæjt neəm]

145. Bicicletta. Motocicletta

bicicletta (f)	fiets	[fits]
motorino (m)	bromponie	[bromponi]
motocicletta (f)	motorfiets	[motorfits]

andare in bicicletta	per fiets ry	[pər fits raj]
manubrio (m)	stuurstang	[stʊr·staŋ]
pedale (m)	pedaal	[pedāl]
freni (m pl)	remme	[remmə]
sellino (m)	fietssaal	[fits·sāl]

pompa (f)	pomp	[pomp]
portabagagli (m)	bagasierak	[baχasi·rak]
fanale (m) anteriore	fietslamp	[fits·lamp]
casco (m)	helmet	[hɛlmet]

ruota (f)	wiel	[vil]
parafango (m)	modderskerm	[moddər·skerm]
cerchione (m)	velling	[fɛlliŋ]
raggio (m)	speek	[speək]

Automobili

146. Tipi di automobile

automobile (f)	motor	[motor]
auto (f) sportiva	sportmotor	[sport·motor]
limousine (f)	limousine	[limæʊsinə]
fuoristrada (m)	veldvoertuig	[fɛlt·furtœiχ]
cabriolet (m)	met afslaandak	[met afslāndak]
pulmino (m)	bussie	[bussi]
ambulanza (f)	ambulans	[ambulaɲs]
spazzaneve (m)	sneeuploeg	[sniʊ·pluχ]
camion (m)	vragmotor	[fraχ·motor]
autocisterna (f)	tenkwa	[tɛnk·wa]
furgone (m)	bestelwa	[bestəl·wa]
motrice (f)	padtrekker	[pad·trɛkkər]
rimorchio (m)	aanhangwa	[ānhaɲ·wa]
confortevole (agg)	gemaklik	[χemaklik]
di seconda mano	gebruik	[χebrœik]

147. Automobili. Carrozzeria

cofano (m)	enjinkap	[ɛndʒin·kap]
parafango (m)	modderskerm	[moddər·skerm]
tetto (m)	dak	[dak]
parabrezza (m)	voorruit	[foər·rœit]
retrovisore (m)	truspieël	[tru·spiɛl]
lavacristallo (m)	voorruitsproer	[foər·rœitsprur]
tergicristallo (m)	ruitveërs	[rœit·feɛrs]
finestrino (m) laterale	syvenster	[saj·fɛɲstər]
alzacristalli (m)	vensterhyser	[fɛɲstər·hajsər]
antenna (f)	lugdraad	[luχdrāt]
tettuccio (m) apribile	sondak	[sondak]
paraurti (m)	buffer	[buffər]
bagagliaio (m)	bagasiebak	[baχasi·bak]
portapacchi (m)	dakreling	[dak·reliɲ]
portiera (f)	deur	[døər]
maniglia (f)	handvatsel	[hand·fatsəl]
serratura (f)	deurslot	[døər·slot]
targa (f)	nommerplaat	[nommər·plāt]
marmitta (f)	knaldemper	[knal·dempər]

| serbatoio (m) della benzina | petroltenk | [petrol·tɛnk] |
| tubo (m) di scarico | uitlaatpyp | [œitlãt·pajp] |

acceleratore (m)	gaspedaal	[χas·pedãl]
pedale (m)	pedaal	[pedãl]
pedale (m) dell'acceleratore	gaspedaal	[χas·pedãl]

freno (m)	rem	[rem]
pedale (m) del freno	rempedaal	[rem·pedãl]
frenare (vi)	remtrap	[remtrap]
freno (m) a mano	parkeerrem	[parkeər·rem]

frizione (f)	koppelaar	[koppelãr]
pedale (m) della frizione	koppelaarpedaal	[koppelãr·pedãl]
disco (m) della frizione	koppelaarskyf	[koppelãr·skajf]
ammortizzatore (m)	skokbreker	[skok·brekər]

ruota (f)	wiel	[vil]
ruota (f) di scorta	spaarwiel	[spãr·wil]
pneumatico (m)	band	[bant]
copriruota (m)	wieldop	[wil·dop]

ruote (f pl) motrici	dryfwiele	[drajf·wilə]
a trazione anteriore	voorwielaandrywing	[foərwil·ãndrajviŋ]
a trazione posteriore	agterwielaandrywing	[aχtərwil·ãndrajviŋ]
a trazione integrale	vierwielaandrywing	[firwil·ãndrajviŋ]

scatola (f) del cambio	ratkas	[ratkas]
automatico (agg)	outomaties	[æʊtomatis]
meccanico (agg)	meganies	[meχanis]
leva (f) del cambio	ratwisselaar	[ratwisselãr]

| faro (m) | koplig | [koplǝχ] |
| luci (f pl), fari (m pl) | kopligte | [kopliχtə] |

luci (f pl) anabbaglianti	dempstraal	[demp·strãl]
luci (f pl) abbaglianti	hoofstraal	[hoəf·strãl]
luci (f pl) di arresto	remlig	[remləχ]

luci (f pl) di posizione	parkeerlig	[parkeər·ləχ]
luci (f pl) di emergenza	gevaarligte	[χefãr·liχtə]
fari (m pl) antinebbia	mislampe	[mis·lampə]
freccia (f)	draaiwyser	[drãj·vajsər]
luci (f pl) di retromarcia	trulig	[truləχ]

148. Automobili. Vano passeggeri

abitacolo (m)	interieur	[interiøer]
di pelle	leer-	[leər-]
in velluto	fluweel-	[fluveəl-]
rivestimento (m)	bekleding	[beklediŋ]

| strumento (m) di bordo | instrument | [instrumɛnt] |
| cruscotto (m) | voorpaneel | [foər·paneəl] |

| tachimetro (m) | spoedmeter | [spud·metər] |
| lancetta (f) | wyster | [vajstər] |

contachilometri (m)	afstandmeter	[afstant·metər]
indicatore (m)	sensor	[sɛŋsor]
livello (m)	vlak	[flak]
spia (f) luminosa	waarskulig	[vārskuləχ]

volante (m)	stuurwiel	[stɪr·wil]
clacson (m)	toeter	[tutər]
pulsante (m)	knop	[knop]
interruttore (m)	skakelaar	[skakəlār]

sedile (m)	sitplek	[sitplek]
spalliera (f)	rugsteun	[ruχ·støən]
appoggiatesta (m)	kopstut	[kopstut]
cintura (f) di sicurezza	veiligheidsgordel	[fæjliχæjts·χordəl]
allacciare la cintura	die gordel vasmaak	[di χordəl fasmāk]
regolazione (f)	verstelling	[ferstɛlliŋ]

| airbag (m) | lugsak | [luχsak] |
| condizionatore (m) | lugversorger | [luχfersorχər] |

radio (f)	radio	[radio]
lettore (m) CD	CD-speler	[se·de spelər]
accendere (vt)	aanskakel	[āŋskakəl]
antenna (f)	lugdraad	[luχdrāt]
vano (m) portaoggetti	paneelkassie	[paneəl·kassi]
portacenere (m)	asbak	[asbak]

149. Automobili. Motore

motore (m)	motor, enjin	[motor], [ɛndʒin]
a diesel	diesel	[disəl]
a benzina	petrol	[petrol]

cilindrata (f)	enjininhoud	[ɛndʒin·inhæʊt]
potenza (f)	krag	[kraχ]
cavallo vapore (m)	perdekrag	[perdə·kraχ]
pistone (m)	suier	[sœier]
cilindro (m)	silinder	[silindər]
valvola (f)	klep	[klep]

iniettore (m)	inspuiting	[inspœitiŋ]
generatore (m)	generator	[χenerator]
carburatore (m)	vergasser	[ferχassər]
olio (m) motore	motorolie	[motor·oli]

radiatore (m)	verkoeler	[ferkulər]
liquido (m) di raffreddamento	koelmiddel	[kul·middəl]
ventilatore (m)	waaier	[vājer]

| batteria (f) | battery | [battəraj] |
| motorino (m) d'avviamento | aansitter | [āŋsittər] |

| accensione (f) | ontsteking | [ontstekiŋ] |
| candela (f) d'accensione | vonkprop | [fonk·prop] |

morsetto (m)	pool	[poəl]
più (m)	positiewe pool	[positivə poəl]
meno (m)	negatiewe pool	[neχativə poəl]
fusibile (m)	sekering	[sekəriŋ]

filtro (m) dell'aria	lugfilter	[luχ·filtər]
filtro (m) dell'olio	oliefilter	[oli·filtər]
filtro (m) del carburante	brandstoffilter	[brantstof·filtər]

150. Automobili. Incidente. Riparazione

incidente (m)	motorbotsing	[motor·botsiŋ]
incidente (m) stradale	verkeersongeluk	[ferkeərs·onχəluk]
sbattere contro ...	bots	[bots]
avere un incidente	verongeluk	[feronχəluk]
danno (m)	skade	[skadə]
illeso (agg)	onbeskadig	[onbeskadəχ]

guasto (m), avaria (f)	onklaar raak	[onklãr rãk]
essere rotto	onklaar raak	[onklãr rãk]
cavo (m) di rimorchio	sleeptou	[sleəp·tæʊ]

foratura (f)	papwiel	[pap·wil]
essere a terra	pap wees	[pap veəs]
gonfiare (vt)	oppomp	[oppomp]
pressione (f)	druk	[druk]
controllare (verificare)	nagaan	[naχãn]

riparazione (f)	herstel	[herstəl]
officina (f) meccanica	garage	[χaraʒə]
pezzo (m) di ricambio	onderdeel	[ondərdeəl]
pezzo (m)	onderdeel	[ondərdeəl]

bullone (m)	bout	[bæʊt]
bullone (m) a vite	skroef	[skruf]
dado (m)	moer	[mur]
rondella (f)	waster	[vastər]
cuscinetto (m)	koeëllaer	[kuɛllaər]

tubo (m)	pyp	[pajp]
guarnizione (f)	pakstuk	[pakstuk]
filo (m), cavo (m)	kabel	[kabəl]

cric (m)	domkrag	[domkraχ]
chiave (f)	moersleutel	[mur·sløətəl]
martello (m)	hamer	[hamər]
pompa (f)	pomp	[pomp]
giravite (m)	skroewedraaier	[skruvə·drãjer]

| estintore (m) | brandblusser | [brant·blussər] |
| triangolo (m) di emergenza | gevaardriehoek | [χefãr·drihuk] |

spegnersi (vr)	stol	[stol]
spegnimento (m) motore	stol	[stol]
essere rotto	stukkend wees	[stukkent veəs]

surriscaldarsi (vr)	oorverhit	[oərferhit]
intasarsi (vr)	verstop raak	[ferstop rãk]
ghiacciarsi (di tubi, ecc.)	vries	[fris]
spaccarsi (vr)	bars	[bars]

pressione (f)	druk	[druk]
livello (m)	vlak	[flak]
lento (cinghia ~a)	slap	[slap]

ammaccatura (f)	duik	[dœik]
battito (m) (nel motore)	klopgeluid	[klop·χəlœit]
fessura (f)	kraak	[krãk]
graffiatura (f)	skraap	[skrãp]

151. Automobili. Strada

strada (f)	pad	[pat]
autostrada (f)	deurpad	[døərpat]
superstrada (f)	deurpad	[døərpat]
direzione (f)	rigting	[riχtiŋ]
distanza (f)	afstand	[afstant]

ponte (m)	brug	[bruχ]
parcheggio (m)	parkeerterrein	[parkeər·terræjn]
piazza (f)	plein	[plæjn]
svincolo (m)	padknoop	[pad·knoəp]
galleria (f), tunnel (m)	tonnel	[tonnəl]

distributore (m) di benzina	petrolstasie	[petrol·stasi]
parcheggio (m)	parkeerterrein	[parkeər·terræjn]
pompa (f) di benzina	petrolpomp	[petrol·pomp]
officina (f) meccanica	garage	[χaraʒə]
fare benzina	volmaak	[folmãk]
carburante (m)	brandstof	[brantstof]
tanica (f)	petrolblik	[petrol·blik]

asfalto (m)	teer	[teər]
segnaletica (f) stradale	padmerktekens	[pad·merktekɛŋs]
cordolo (m)	randsteen	[rand·steən]
barriera (f) di sicurezza	skutreling	[skut·reliŋ]
fosso (m)	donga	[donχa]
ciglio (m) della strada	skouer	[skæuər]
lampione (m)	lamppaal	[lamp·pãl]

guidare (~ un veicolo)	bestuur	[bestɪr]
girare (~ a destra)	draai	[drãi]
fare un'inversione a U	U-draai maak	[u-drãj mãk]
retromarcia (m)	tru-	[tru-]
suonare il clacson	toeter	[tutər]
colpo (m) di clacson	toeter	[tutər]

incastrarsi (vr)	**vassteek**	[fassteək]
impantanarsi (vr)	**die wiele laat tol**	[di vilə lãt tol]
spegnere (~ il motore)	**afskakel**	[afskakəl]

velocità (f)	**spoed**	[sput]
superare i limiti di velocità	**die spoedgrens oortree**	[di sputχrɛŋs oərtreə]
semaforo (m)	**robot**	[robot]
patente (f) di guida	**bestuurslisensie**	[bestɪrs·lisɛŋsi]

passaggio (m) a livello	**treinoorgang**	[træjn·oərχaŋ]
incrocio (m)	**kruispunt**	[krœis·punt]
passaggio (m) pedonale	**sebraoorgang**	[sebra·oərχaŋ]
curva (f)	**draai**	[drãi]
zona (f) pedonale	**voetgangerstraat**	[futχaŋər·strãt]

GENTE. SITUAZIONI QUOTIDIANE

Situazioni quotidiane

152. Vacanze. Evento

festa (f)	partytjie	[partajki]
festa (f) nazionale	nasionale dag	[naʃionalə daχ]
festività (f) civile	openbare vakansiedag	[openbarə fakaŋsi·daχ]
festeggiare (vt)	herdenk	[herdenk]
avvenimento (m)	gebeurtenis	[χebøərtenis]
evento (m) (organizzare un ~)	gebeurtenis	[χebøərtenis]
banchetto (m)	banket	[banket]
ricevimento (m)	onthaal	[onthāl]
festino (m)	feesmaal	[feəs·māl]
anniversario (m)	verjaardag	[ferjār·daχ]
giubileo (m)	jubileum	[jubiløəm]
festeggiare (vt)	vier	[fir]
Capodanno (m)	Nuwejaar	[nuvejār]
Buon Anno!	Voorspoedige Nuwejaar	[foərspudiχə nuvejār]
Babbo Natale (m)	Kersvader	[kers·fadər]
Natale (m)	Kersfees	[kersfeəs]
Buon Natale!	Geseënde Kersfees	[χeseɛndə kersfeɛs]
Albero (m) di Natale	Kersboom	[kers·boəm]
fuochi (m pl) artificiali	vuurwerk	[fɪrwerk]
nozze (f pl)	bruilof	[brœilof]
sposo (m)	bruidegom	[brœidəχom]
sposa (f)	bruid	[brœit]
invitare (vt)	uitnooi	[œitnoj]
invito (m)	uitnodiging	[œitnodəχiŋ]
ospite (m)	gas	[χas]
andare a trovare	besoek	[besuk]
accogliere gli invitati	die gaste ontmoet	[di χastə ontmut]
regalo (m)	present	[present]
offrire (~ un regalo)	gee	[χeə]
ricevere i regali	presente ontvang	[presentə ontfaŋ]
mazzo (m) di fiori	boeket	[buket]
auguri (m pl)	gelukwense	[χelukwɛŋsə]
augurare (vt)	gelukwens	[χelukwɛŋs]
cartolina (f)	geleentheidskaartjie	[χeleenthæjts·kārki]

140

brindisi (m)	heildronk	[hæjldronk]
offrire (~ qualcosa da bere)	aanbied	[ānbit]
champagne (m)	sjampanje	[ʃampanje]

divertirsi (vr)	jouself geniet	[jæʊsɛlf χenit]
allegria (f)	pret	[pret]
gioia (f)	vreugde	[frøəχdə]

danza (f), ballo (m)	dans	[daŋs]
ballare (vi, vt)	dans	[daŋs]

valzer (m)	wals	[vals]
tango (m)	tango	[tanχo]

153. Funerali. Sepoltura

cimitero (m)	begraafplaas	[beχrāf·plās]
tomba (f)	graf	[χraf]
croce (f)	kruis	[krœis]
pietra (f) tombale	grafsteen	[χrafsteən]
recinto (m)	heining	[hæjniŋ]
cappella (f)	kapel	[kapəl]

morte (f)	dood	[doət]
morire (vi)	doodgaan	[doədχān]
defunto (m)	oorledene	[oərledenə]
lutto (m)	rou	[ræʊ]

seppellire (vt)	begrawe	[beχravə]
sede (f) di pompe funebri	begrafnisonderneming	[beχrafnis·ondərnemiŋ]
funerale (m)	begrafnis	[beχrafnis]

corona (f) di fiori	krans	[kraŋs]
bara (f)	doodskis	[doədskis]
carro (m) funebre	lykswa	[lajks·wa]
lenzuolo (m) funebre	lykkleed	[lajk·kleət]

corteo (m) funebre	begrafnisstoet	[beχrafnis·stut]
urna (f) funeraria	urn	[urn]
crematorio (m)	krematorium	[krematorium]

necrologio (m)	doodsberig	[doəds·bereχ]
piangere (vi)	huil	[hœil]
singhiozzare (vi)	snik	[snik]

154. Guerra. Soldati

plotone (m)	peleton	[peleton]
compagnia (f)	kompanie	[kompani]
reggimento (m)	regiment	[reχiment]
esercito (m)	leör	[leɛr]
divisione (f)	divisie	[difisi]

distaccamento (m)	afdeling	[afdeliŋ]
armata (f)	leërskare	[leɛrskarə]
soldato (m)	soldaat	[soldāt]
ufficiale (m)	offisier	[offisir]
soldato (m) semplice	soldaat	[soldāt]
sergente (m)	sersant	[sersant]
tenente (m)	luitenant	[lœitənant]
capitano (m)	kaptein	[kaptæjn]
maggiore (m)	majoor	[majoər]
colonnello (m)	kolonel	[kolonəl]
generale (m)	generaal	[χenerāl]
marinaio (m)	matroos	[matroəs]
capitano (m)	kaptein	[kaptæjn]
nostromo (m)	bootsman	[boətsman]
artigliere (m)	artilleris	[artilleris]
paracadutista (m)	valskermsoldaat	[falskerm·soldāt]
pilota (m)	piloot	[piloət]
navigatore (m)	navigator	[nafiχator]
meccanico (m)	werktuigkundige	[verktœiχ·kundiχə]
geniere (m)	sappeur	[sappøər]
paracadutista (m)	valskermspringer	[falskerm·spriŋər]
esploratore (m)	verkenner	[ferkɛnnər]
cecchino (m)	skerpskut	[skerp·skut]
pattuglia (f)	patrollie	[patrolli]
pattugliare (vt)	patrolleer	[patrolleər]
sentinella (f)	wag	[vaχ]
guerriero (m)	vegter	[feχtər]
patriota (m)	patriot	[patriot]
eroe (m)	held	[hɛlt]
eroina (f)	heldin	[hɛldin]
traditore (m)	verraaier	[ferrājer]
tradire (vt)	verraai	[ferrāi]
disertore (m)	droster	[drostər]
disertare (vi)	dros	[dros]
mercenario (m)	huursoldaat	[hɪr·soldāt]
recluta (f)	rekruteer	[rekruteər]
volontario (m)	vrywilliger	[frajvilliχər]
ucciso (m)	dooie	[doje]
ferito (m)	gewonde	[χevondə]
prigioniero (m) di guerra	krygsgevangene	[krajχs·χefaŋənə]

155. Guerra. Azioni militari. Parte 1

guerra (f)	oorlog	[oərloχ]
essere in guerra	oorlog voer	[oərloχ fur]

guerra (f) civile	burgeroorlog	[burgər·oərloχ]
perfidamente	valslik	[falslik]
dichiarazione (f) di guerra	oorlogsverklaring	[oərloχs·ferklariŋ]
dichiarare (~ guerra)	oorlog verklaar	[oərloχ ferklãr]
aggressione (f)	aggressie	[aχrɛssi]
attaccare (vt)	aanval	[ãnfal]

invadere (vt)	binneval	[binnəfal]
invasore (m)	binnevaller	[binnəfallər]
conquistatore (m)	veroweraar	[feroverãr]

difesa (f)	verdediging	[ferdedəχiŋ]
difendere (~ un paese)	verdedig	[ferdedəχ]
difendersi (vr)	jouself verdedig	[jæusɛlf ferdedəχ]

nemico (m)	vyand	[fajant]
avversario (m)	teëstander	[teɛstandər]
ostile (agg)	vyandig	[fajandəχ]

strategia (f)	strategie	[strateχi]
tattica (f)	taktiek	[taktik]

ordine (m)	bevel	[befəl]
comando (m)	bevel	[befəl]
ordinare (vt)	beveel	[befeəl]
missione (f)	opdrag	[opdraχ]
segreto (agg)	geheim	[χəhæjm]

battaglia (f)	veldslag	[fɛltslaχ]
combattimento (m)	geveg	[χefeχ]

attacco (m)	aanval	[ãnfal]
assalto (m)	bestorming	[bestormiŋ]
assalire (vt)	bestorm	[bestorm]
assedio (m)	beleg	[beleχ]

offensiva (f)	aanval	[ãnfal]
passare all'offensiva	tot die offensief oorgaan	[tot di offɛŋsif oərχãn]

ritirata (f)	terugtrekking	[teruχ·trɛkkiŋ]
ritirarsi (vr)	terugtrek	[teruχtrek]

accerchiamento (m)	omsingeling	[omsinχəliŋ]
accerchiare (vt)	omsingel	[omsiŋəl]

bombardamento (m)	bombardement	[bombardement]
bombardare (vt)	bombardeer	[bombardeər]
esplosione (f)	ontploffing	[ontploffiŋ]

sparo (m)	skoot	[skoət]
sparatoria (f)	skiet	[skit]

puntare su …	mik op	[mik op]
puntare (~ una pistola)	rig	[riχ]
colpire (~ il bersaglio)	tref	[tref]
affondare (mandare a fondo)	sink	[sink]

falla (f)	gat	[χat]
affondare (andare a fondo)	sink	[sink]

fronte (m) (~ di guerra)	front	[front]
evacuazione (f)	evakuasie	[ɛfakuasi]
evacuare (vt)	evakueer	[ɛfakueər]

trincea (f)	loopgraaf	[loəpχrãf]
filo (m) spinato	doringdraad	[doriŋ·drãt]
sbarramento (m)	versperring	[fersperriŋ]
torretta (f) di osservazione	wagtoring	[vaχ·toriŋ]

ospedale (m) militare	militêre hospitaal	[militærə hospitãl]
ferire (vt)	wond	[vont]
ferita (f)	wond	[vont]
ferito (m)	gewonde	[χevondə]
rimanere ferito	gewond	[χevont]
grave (ferita ~)	ernstig	[ɛrnstəχ]

156. Armi

armi (f pl)	wapens	[vapɛns]
arma (f) da fuoco	vuurwapens	[fɪr·vapɛns]
arma (f) bianca	messe	[mɛssə]

armi (f pl) chimiche	chemiese wapens	[χemisə vapɛns]
nucleare (agg)	kern-	[kern-]
armi (f pl) nucleari	kernwapens	[kern·vapɛns]

bomba (f)	bom	[bom]
bomba (f) atomica	atoombom	[atoəm·bom]

pistola (f)	pistool	[pistoəl]
fucile (m)	geweer	[χeveər]
mitra (m)	aanvalsgeweer	[ãnvals·χeveər]
mitragliatrice (f)	masjiengeweer	[maʃin·χeveər]

bocca (f)	loop	[loəp]
canna (f)	loop	[loəp]
calibro (m)	kaliber	[kalibər]

grilletto (m)	sneller	[snɛllər]
mirino (m)	visier	[fisir]
caricatore (m)	magasyn	[maχasajn]
calcio (m)	kolf	[kolf]

bomba (f) a mano	handgranaat	[hand·χranãt]
esplosivo (m)	springstof	[spriŋstof]

pallottola (f)	koeël	[kuɛl]
cartuccia (f)	patroon	[patroən]
carica (f)	lading	[ladiŋ]
munizioni (f pl)	ammunisie	[ammunisi]
bombardiere (m)	bomwerper	[bom·werpər]

| aereo (m) da caccia | straalvegter | [strāl·feχtər] |
| elicottero (m) | helikopter | [helikoptər] |

cannone (m) antiaereo	luŋafweer	[luχafweər]
carro (m) armato	tenk	[tɛnk]
cannone (m)	tenkkanon	[tɛnk·kanon]

artiglieria (f)	artillerie	[artilleri]
cannone (m)	kanon	[kanon]
mirare a …	aanlê	[ānlɛ:]

proiettile (m)	projektiel	[projektil]
granata (f) da mortaio	mortierbom	[mortir·bom]
mortaio (m)	mortier	[mortir]
scheggia (f)	skrapnel	[skrapnəl]

sottomarino (m)	duikboot	[dœik·boət]
siluro (m)	torpedo	[torpedo]
missile (m)	vuurpyl	[fɪr·pajl]

caricare (~ una pistola)	laai	[lāi]
sparare (vi)	skiet	[skit]
puntare su …	rig op	[riχ op]
baionetta (f)	bajonet	[bajonet]

spada (f)	rapier	[rapir]
sciabola (f)	sabel	[sabəl]
lancia (f)	spies	[spis]
arco (m)	boog	[boəχ]
freccia (f)	pyl	[pajl]
moschetto (m)	musket	[musket]
balestra (f)	kruisboog	[krœis·boəχ]

157. Gli antichi

primitivo (agg)	primitief	[primitif]
preistorico (agg)	prehistories	[prehistoris]
antico (agg)	antiek	[antik]

Età (f) della pietra	Steentydperk	[steən·tajtperk]
Età (f) del bronzo	Bronstydperk	[broŋs·tajtperk]
epoca (f) glaciale	Ystydperk	[ajs·tajtperk]

tribù (f)	stam	[stam]
cannibale (m)	mensvreter	[mɛŋs·fretər]
cacciatore (m)	jagter	[jaχtər]
cacciare (vt)	jag	[jaχ]
mammut (m)	mammoet	[mammut]

caverna (f), grotta (f)	grot	[χrot]
fuoco (m)	vuur	[fɪr]
falò (m)	kampvuur	[kampfɪr]
pittura (f) rupestre	rotstekening	[rots·tekəniŋ]
strumento (m) di lavoro	werktuig	[verktœiχ]

lancia (f)	spies	[spis]
ascia (f) di pietra	klipbyl	[klip·bajl]
essere in guerra	oorlog voer	[oərloχ fur]
addomesticare (vt)	tem	[tem]

idolo (m)	afgod	[afχot]
idolatrare (vt)	aanbid	[ãnbit]
superstizione (f)	bygeloof	[bajχəloəf]
rito (m)	ritueel	[ritueəl]

evoluzione (f)	evolusie	[ɛfolusi]
sviluppo (m)	ontwikkeling	[ontwikkeliŋ]
estinzione (f)	verdwyning	[ferdwajniŋ]
adattarsi (vr)	jou aanpas	[jæʊ ãnpas]

archeologia (f)	argeologie	[arχeoloχi]
archeologo (m)	argeoloog	[arχeoloəχ]
archeologico (agg)	argeologies	[arχeoloχis]

sito (m) archeologico	opgrawingsplek	[opχraviŋs·plek]
scavi (m pl)	opgrawingsplekke	[opχraviŋs·plɛkkə]
reperto (m)	vonds	[fonds]
frammento (m)	fragment	[fraχment]

158. Il Medio Evo

popolo (m)	volk	[folk]
popoli (m pl)	bevolking	[befolkiŋ]
tribù (f)	stam	[stam]
tribù (f pl)	stamme	[stammə]

barbari (m pl)	barbare	[barbarə]
galli (m pl)	Galliërs	[χalliɛrs]
goti (m pl)	Gote	[χote]
slavi (m pl)	Slawe	[slavə]
vichinghi (m pl)	Vikings	[vikiŋs]

romani (m pl)	Romeine	[romæjnə]
romano (agg)	Romeins	[romæjns]

bizantini (m pl)	Bisantyne	[bisantajnə]
Bisanzio (m)	Bisantium	[bisantium]
bizantino (agg)	Bisantyns	[bisantajns]

imperatore (m)	keiser	[kæjsər]
capo (m)	leier	[læjer]
potente (un re ~)	magtig	[maχtəχ]
re (m)	koning	[koniŋ]
governante (m) (sovrano)	heerser	[heərsər]

cavaliere (m)	ridder	[riddər]
feudatario (m)	feodale heerser	[feodalə heərsər]
feudale (agg)	feodaal	[feodãl]
vassallo (m)	vasal	[fasal]

duca (m)	hertog	[hertoχ]
conte (m)	graaf	[χrãf]
barone (m)	baron	[baron]
vescovo (m)	biskop	[biskop]
armatura (f)	harnas	[harnas]
scudo (m)	skild	[skilt]
spada (f)	swaard	[swãrt]
visiera (f)	visier	[fisir]
cotta (f) di maglia	maliehemp	[mali·hemp]
crociata (f)	Kruistog	[krœis·toχ]
crociato (m)	kruisvaarder	[krœis·fãrdər]
territorio (m)	gebied	[χebit]
attaccare (vt)	aanval	[ãnfal]
conquistare (vt)	verower	[ferovər]
occupare (invadere)	beset	[beset]
assedio (m)	beleg	[beleχ]
assediato (agg)	beleërde	[beleɛrdə]
assediare (vt)	beleër	[beleɛr]
inquisizione (f)	inkwisisie	[inkvisisi]
inquisitore (m)	inkwisiteur	[inkvisitøər]
tortura (f)	marteling	[martəliŋ]
crudele (agg)	wreed	[vreət]
eretico (m)	ketter	[kɛttər]
eresia (f)	kettery	[kɛtteraj]
navigazione (f)	seevaart	[seə·fãrt]
pirata (m)	piraat, seerower	[pirãt], [seə·rovər]
pirateria (f)	piratery, seerowery	[pirateraj], [seə·roveraj]
arrembaggio (m)	enter	[ɛntər]
bottino (m)	buit	[bœit]
tesori (m)	skatte	[skattə]
scoperta (f)	ontdekking	[ontdɛkkiŋ]
scoprire (~ nuove terre)	ontdek	[ontdek]
spedizione (f)	ekspedisie	[ɛkspedisi]
moschettiere (m)	musketier	[musketir]
cardinale (m)	kardinaal	[kardinãl]
araldica (f)	heraldiek	[heraldik]
araldico (agg)	heraldies	[heraldis]

159. Leader. Capo. Le autorità

re (m)	koning	[koniŋ]
regina (f)	koningin	[koniŋin]
reale (agg)	koninklik	[koninklik]
regno (m)	koninkryk	[koninkrajk]
principe (m)	prins	[prins]
principessa (f)	prinses	[prinsəs]

presidente (m)	president	[president]
vicepresidente (m)	vise-president	[fise-president]
senatore (m)	senator	[senator]

monarca (m)	monarg	[monarχ]
governante (m) (sovrano)	heerser	[heərsər]
dittatore (m)	diktator	[diktator]
tiranno (m)	tiran	[tiran]
magnate (m)	magnaat	[maχnāt]

direttore (m)	direkteur	[direktøər]
capo (m)	baas	[bās]
dirigente (m)	bestuurder	[bestɪrdər]
capo (m)	baas	[bās]
proprietario (m)	eienaar	[æjenār]

leader (m)	leier	[læjer]
capo (m) (~ delegazione)	hoof	[hoəf]
autorità (f pl)	outoriteite	[æutoritæjtə]
superiori (m pl)	hoofde	[hoəfdə]

governatore (m)	goewerneur	[χuvernøər]
console (m)	konsul	[kɔŋsul]
diplomatico (m)	diplomaat	[diplomāt]
sindaco (m)	burgermeester	[burgər·meəstər]
sceriffo (m)	sheriff	[sheriff]

imperatore (m)	keiser	[kæjsər]
zar (m)	tsaar	[tsār]
faraone (m)	farao	[farao]
khan (m)	kan	[kan]

160. Infrangere la legge. Criminali. Parte 1

bandito (m)	bandiet	[bandit]
delitto (m)	misdaad	[misdāt]
criminale (m)	misdadiger	[misdadiχər]

ladro (m)	dief	[dif]
rubare (vi, vt)	steel	[steəl]
ruberia (f)	steel	[steəl]
reato (m) di furto	diefstal	[difstal]

rapire (vt)	ontvoer	[ontfur]
rapimento (m)	ontvoering	[ontfuriŋ]
rapitore (m)	ontvoerder	[ontfurdər]

| riscatto (m) | losgeld | [losχɛlt] |
| chiedere il riscatto | losgeld eis | [losχɛlt æjs] |

rapinare (vt)	besteel	[besteəl]
rapina (f)	oorval	[oərfal]
rapinatore (m)	boef	[buf]
estorcere (vt)	afpers	[afpers]

| estorsore (m) | afperser | [afpersər] |
| estorsione (f) | afpersing | [afpersiŋ] |

uccidere (vt)	vermoor	[fermoər]
assassinio (m)	moord	[moərt]
assassino (m)	moordenaar	[moərdenãr]

sparo (m)	skoot	[skoət]
abbattere (con armi da fuoco)	doodskiet	[doədskit]
sparare (vi)	skiet	[skit]
sparatoria (f)	skietery	[skiteraj]

incidente (m) (rissa, ecc.)	insident	[insidənt]
rissa (f)	geveg	[χefeχ]
Aiuto!	Help!	[hɛlp!]
vittima (f)	slagoffer	[slaχoffər]

danneggiare (vt)	beskadig	[beskadəχ]
danno (m)	skade	[skadə]
cadavere (m)	lyk	[lajk]
grave (reato ~)	ernstig	[ɛrnstəχ]

aggredire (vt)	aanval	[ãnfal]
picchiare (vt)	slaan	[slãn]
malmenare (picchiare)	platslaan	[platslãn]
sottrarre (vt)	vat	[fat]
accoltellare a morte	doodsteek	[doədsteək]
mutilare (vt)	vermink	[fermink]
ferire (vt)	wond	[vont]

ricatto (m)	afpersing	[afpersiŋ]
ricattare (vt)	afpers	[afpers]
ricattatore (m)	afperser	[afpersər]

estorsione (f)	beskermingswendelary	[beskermiŋ·swendəlaraj]
estortore (m)	afperser	[afpersər]
gangster (m)	boef	[buf]
mafia (f)	mafia	[mafia]

| borseggiatore (m) | sakkeroller | [sakkerollər] |
| scassinatore (m) | inbreker | [inbrekər] |

| contrabbando (m) | smokkel | [smokkəl] |
| contrabbandiere (m) | smokkelaar | [smokkəlãr] |

falsificazione (f)	vervalsing	[ferfalsiŋ]
falsificare (vt)	verval	[ferfal]
falso, falsificato (agg)	vals	[fals]

161. Infrangere la legge. Criminali. Parte 2

stupro (m)	verkragting	[ferkraχtiŋ]
stuprare (vt)	verkrag	[ferkraχ]
stupratore (m)	verkragter	[ferkraχtər]

maniaco (m)	maniak	[maniak]
prostituta (f)	prostituut	[prostitɪt]
prostituzione (f)	prostitusie	[prostitusi]
magnaccia (m)	pooier	[pojer]

| drogato (m) | dwelmslaaf | [dwɛlm·slāf] |
| trafficante (m) di droga | dwelmhandelaar | [dwɛlm·handəlãr] |

| far esplodere | opblaas | [opblãs] |
| esplosione (f) | ontploffing | [ontploffiŋ] |

| incendiare (vt) | aan die brand steek | [ān di brant steək] |
| incendiario (m) | brandstigter | [brant·stiχtər] |

terrorismo (m)	terrorisme	[terrorismə]
terrorista (m)	terroris	[terroris]
ostaggio (m)	gyselaar	[χajsəlãr]

imbrogliare (vt)	bedrieg	[bedrəχ]
imbroglio (m)	bedrog	[bedroχ]
imbroglione (m)	bedrieër	[bedriɛr]

corrompere (vt)	omkoop	[omkoəp]
corruzione (f)	omkopery	[omkoperaj]
bustarella (f)	omkoopgeld	[omkoəp·χɛlt]

veleno (m)	gif	[χif]
avvelenare (vt)	vergiftig	[ferχiftəχ]
avvelenarsi (vr)	jouself vergiftig	[jæusɛlf ferχiftəχ]

| suicidio (m) | selfmoord | [sɛlfmoərt] |
| suicida (m) | selfmoordenaar | [sɛlfmoərdenãr] |

minacciare (vt)	dreig	[dræjχ]
minaccia (f)	dreigement	[dræjχement]
attentato (m)	aanslag	[āŋslaχ]

| rubare (~ una macchina) | steel | [steəl] |
| dirottare (~ un aereo) | kaap | [kãp] |

| vendetta (f) | wraak | [vrãk] |
| vendicare (vt) | wreek | [vreək] |

torturare (vt)	martel	[martəl]
tortura (f)	marteling	[martəliŋ]
maltrattare (vt)	folter	[foltər]

pirata (m)	piraat, seerower	[pirãt], [seə·rovər]
teppista (m)	skollie	[skolli]
armato (agg)	gewapen	[χevapen]

| violenza (f) | geweld | [χevɛlt] |
| illegale (agg) | onwettig | [onwɛttəχ] |

| spionaggio (m) | spioenasie | [spiunasi] |
| spiare (vi) | spioeneer | [spiuneər] |

162. Polizia. Legge. Parte 1

giustizia (f)	justisie	[jəstisi]
tribunale (m)	geregshof	[χereχshof]
giudice (m)	regter	[reχtər]
giurati (m)	jurielede	[jurilede]
processo (m) con giuria	jurieregspraak	[juri·reχsprāk]
giudicare (vt)	bereg	[bereχ]
avvocato (m)	advokaat	[adfokāt]
imputato (m)	beklaagde	[beklāχdə]
banco (m) degli imputati	beklaagdebank	[beklāχdə·bank]
accusa (f)	aanklag	[ānklaχ]
accusato (m)	beskuldigde	[beskuldiχdə]
condanna (f)	vonnis	[fonnis]
condannare (vt)	veroordeel	[feroərdeəl]
colpevole (m)	skuldig	[skuldəχ]
punire (vt)	straf	[straf]
punizione (f)	straf	[straf]
multa (f), ammenda (f)	boete	[butə]
ergastolo (m)	lewenslange gevangenisstraf	[levɛŋslaŋə χefaŋənis·straf]
pena (f) di morte	doodstraf	[doədstraf]
sedia (f) elettrica	elektriese stoel	[ɛlektrisə stul]
impiccagione (f)	galg	[χalχ]
giustiziare (vt)	eksekuteer	[ɛksekuteər]
esecuzione (f)	eksekusie	[ɛksekusi]
prigione (f)	tronk	[tronk]
cella (f)	sel	[səl]
scorta (f)	eskort	[ɛskort]
guardia (f) carceraria	tronkbewaarder	[tronk·bevārdər]
prigioniero (m)	gevangene	[χefaŋənə]
manette (f pl)	handboeie	[hant·buje]
mettere le manette	in die boeie slaan	[in di buje slān]
fuga (f)	ontsnapping	[ontsnappiŋ]
fuggire (vi)	ontsnap	[ontsnap]
scomparire (vi)	verdwyn	[ferdwajn]
liberare (vt)	vrylaat	[frajlāt]
amnistia (f)	amnestie	[amnesti]
polizia (f)	polisie	[polisi]
poliziotto (m)	polisieman	[polisi·man]
commissariato (m)	polisiestasie	[polisi·stasi]
manganello (m)	knuppel	[knuppəl]
altoparlante (m)	megafoon	[meχafoən]

macchina (f) di pattuglia	patrolliemotor	[patrolli·motor]
sirena (f)	sirene	[sirenə]
mettere la sirena	die sirene aanskakel	[di sirenə āŋskakəl]
suono (m) della sirena	sirenegeloei	[sirenə·χelui]

luogo (m) del crimine	misdaadtoneel	[misdād·toneəl]
testimone (m)	getuie	[χetœiə]
libertà (f)	vryheid	[frajhæjt]
complice (m)	medepligtige	[medə·pliχtiχə]
fuggire (vi)	ontvlug	[ontfluχ]
traccia (f)	spoor	[spoər]

163. Polizia. Legge. Parte 2

ricerca (f) (~ di un criminale)	soektog	[suktoχ]
cercare (vt)	soek ...	[suk ...]
sospetto (m)	verdenking	[ferdɛnkiŋ]
sospetto (agg)	verdag	[ferdaχ]
fermare (vt)	teëhou	[teɛhæʋ]
arrestare (qn)	aanhou	[ānhæʋ]

causa (f)	hofsaak	[hofsāk]
inchiesta (f)	ondersoek	[ondərsuk]
detective (m)	speurder	[spøərdər]
investigatore (m)	speurder	[spøərdər]
versione (f)	hipotese	[hipotesə]

movente (m)	motief	[motif]
interrogatorio (m)	ondervraging	[ondərfraχiŋ]
interrogare (sospetto)	ondervra	[ondərfra]
interrogare (vicini)	verhoor	[ferhoər]
controllo (m) (~ di polizia)	kontroleer	[kontroleər]

retata (f)	klopjag	[klopjaχ]
perquisizione (f)	huissoeking	[hœis·sukiŋ]
inseguimento (m)	agtervolging	[aχtərfolχiŋ]
inseguire (vt)	agtervolg	[aχtərfolχ]
essere sulle tracce	opspoor	[opspoər]

arresto (m)	inhegtenisneming	[inheχtenis·nemiŋ]
arrestare (qn)	arresteer	[arresteər]
catturare (~ un ladro)	vang	[faŋ]
cattura (f)	opsporing	[opsporiŋ]

documento (m)	dokument	[dokument]
prova (f), reperto (m)	bewys	[bevajs]
provare (vt)	bewys	[bevajs]
impronta (f) del piede	voetspoor	[futspoər]
impronte (f pl) digitali	vingerafdrukke	[fiŋər·afdrukkə]
elemento (m) di prova	bewysstuk	[bevajs·stuk]

alibi (m)	alibi	[alibi]
innocente (agg)	onskuldig	[oŋskuldəχ]
ingiustizia (f)	onreg	[onreχ]

ingiusto (agg)	onregverdig	[onreχferdəχ]
criminale (agg)	krimineel	[krimineəl]
confiscare (vt)	in beslag neem	[in beslaχ neəm]
droga (f)	dwelm	[dwɛlm]
armi (f pl)	wapen	[vapen]
disarmare (vt)	ontwapen	[ontvapen]
ordinare (vt)	beveel	[befeəl]
sparire (vi)	verdwyn	[ferdwajn]

legge (f)	wet	[vet]
legale (agg)	wettig	[vɛttəχ]
illegale (agg)	onwettig	[onwɛttəχ]

| responsabilità (f) | verantwoordelikheid | [ferant·voərdelikhæjt] |
| responsabile (agg) | verantwoordelik | [ferant·voərdelik] |

LA NATURA

La Terra. Parte 1

164. L'Universo

cosmo (m)	kosmos	[kosmos]
cosmico, spaziale (agg)	kosmies	[kosmis]
spazio (m) cosmico	buitenste ruimte	[bœitɛŋstə rajmtə]
mondo (m)	wêreld	[værɛlt]
universo (m)	heelal	[heəlal]
galassia (f)	sterrestelsel	[sterrə·stɛlsəl]
stella (f)	ster	[ster]
costellazione (f)	sterrebeeld	[sterrə·beəlt]
pianeta (m)	planeet	[planeət]
satellite (m)	satelliet	[satɛllit]
meteorite (m)	meteoriet	[meteorit]
cometa (f)	komeet	[komeət]
asteroide (m)	asteroïed	[asteroïət]
orbita (f)	baan	[bān]
ruotare (vi)	draai	[drāi]
atmosfera (f)	atmosfeer	[atmosfeər]
il Sole	die Son	[di son]
sistema (m) solare	sonnestelsel	[sonnə·stɛlsəl]
eclisse (f) solare	sonsverduistering	[sɔŋs·ferdœisteriŋ]
la Terra	die Aarde	[di ārdə]
la Luna	die Maan	[di mān]
Marte (m)	Mars	[mars]
Venere (f)	Venus	[fenus]
Giove (m)	Jupiter	[jupitər]
Saturno (m)	Saturnus	[saturnus]
Mercurio (m)	Mercurius	[merkurius]
Urano (m)	Uranus	[uranus]
Nettuno (m)	Neptunus	[neptunus]
Plutone (m)	Pluto	[pluto]
Via (f) Lattea	Melkweg	[melk·weχ]
Orsa (f) Maggiore	Groot Beer	[χroət beər]
Stella (f) Polare	Poolster	[poəl·stər]
marziano (m)	marsbewoner	[mars·bevonər]
extraterrestre (m)	buiteaardse wese	[bœitə·ārdsə vesə]

| alieno (m) | ruimtewese | [rœimtə·vesə] |
| disco (m) volante | vlieënde skottel | [fliɛndə skottəl] |

nave (f) spaziale	ruimteskip	[rœimtə·skip]
stazione (f) spaziale	ruimtestasie	[rœimtə·stasi]
lancio (m)	vertrek	[fɛrtrek]

motore (m)	enjin	[ɛndʒin]
ugello (m)	uitlaatpyp	[œitlāt·pajp]
combustibile (m)	brandstof	[brantstof]

cabina (f) di pilotaggio	stuurkajuit	[stɪr·kajœit]
antenna (f)	lugdraad	[luχdrāt]
oblò (m)	patryspoort	[patrajs·poərt]
batteria (f) solare	sonpaneel	[son·paneəl]
scafandro (m)	ruimtepak	[rœimtə·pak]

| imponderabilità (f) | gewigloosheid | [χeviχloəshæjt] |
| ossigeno (m) | suurstof | [sɪrstof] |

| aggancio (m) | koppeling | [koppeliŋ] |
| agganciarsi (vr) | koppel | [koppəl] |

osservatorio (m)	observatorium	[observatorium]
telescopio (m)	teleskoop	[teleskoəp]
osservare (vt)	waarneem	[vārneəm]
esplorare (vt)	eksploreer	[ɛksploreər]

165. La Terra

la Terra	die Aarde	[di ārdə]
globo (m) terrestre	die aardbol	[di ārdbol]
pianeta (m)	planeet	[planeət]

atmosfera (f)	atmosfeer	[atmosfeər]
geografia (f)	geografie	[χeoχrafi]
natura (f)	natuur	[natɪr]

mappamondo (m)	aardbol	[ārd·bol]
carta (f) geografica	kaart	[kārt]
atlante (m)	atlas	[atlas]

| Europa (f) | Europa | [øəropa] |
| Asia (f) | Asië | [asiɛ] |

| Africa (f) | Afrika | [afrika] |
| Australia (f) | Australië | [ɔustraliɛ] |

America (f)	Amerika	[amerika]
America (f) del Nord	Noord-Amerika	[noərd-amerika]
America (f) del Sud	Suid-Amerika	[sœid-amerika]

| Antartide (f) | Suidpool | [sœid·poəl] |
| Artico (m) | Noordpool | [noərd·poəl] |

166. Punti cardinali

nord (m)	noorde	[noərdə]
a nord	na die noorde	[na di noərdə]
al nord	in die noorde	[in di noərdə]
del nord (agg)	noordelik	[noərdəlik]
sud (m)	suide	[sœidə]
a sud	na die suide	[na di sœidə]
al sud	in die suide	[in di sœidə]
del sud (agg)	suidelik	[sœidəlik]
ovest (m)	weste	[vestə]
a ovest	na die weste	[na di vestə]
all'ovest	in die weste	[in di vestə]
dell'ovest, occidentale	westelik	[vestelik]
est (m)	ooste	[oəstə]
a est	na die ooste	[na di oəstə]
all'est	in die ooste	[in di oəstə]
dell'est, orientale	oostelik	[oəstəlik]

167. Mare. Oceano

mare (m)	see	[seə]
oceano (m)	oseaan	[oseãn]
golfo (m)	golf	[χolf]
stretto (m)	straat	[strãt]
terra (f) (terra firma)	land	[lant]
continente (m)	kontinent	[kontinent]
isola (f)	eiland	[æjlant]
penisola (f)	skiereiland	[skir·æjlant]
arcipelago (m)	argipel	[arχipəl]
baia (f)	baai	[bãi]
porto (m)	hawe	[havə]
laguna (f)	strandmeer	[strand·meər]
capo (m)	kaap	[kãp]
atollo (m)	atol	[atol]
scogliera (f)	rif	[rif]
corallo (m)	koraal	[korãl]
barriera (f) corallina	koraalrif	[korãl·rif]
profondo (agg)	diep	[dip]
profondità (f)	diepte	[diptə]
abisso (m)	afgrond	[afχront]
fossa (f) (~ delle Marianne)	trog	[troχ]
corrente (f)	stroming	[stromiŋ]
circondare (vt)	omring	[omriŋ]

| litorale (m) | oewer | [uvər] |
| costa (f) | kus | [kus] |

alta marea (f)	hoogwater	[hoəχ·vatər]
bassa marea (f)	laagwater	[lāχ·vatər]
banco (m) di sabbia	sandbank	[sand·bank]
fondo (m)	bodem	[bodem]

onda (f)	golf	[χolf]
cresta (f) dell'onda	kruin	[krœin]
schiuma (f)	skuim	[skœim]

tempesta (f)	storm	[storm]
uragano (m)	orkaan	[orkān]
tsunami (m)	tsunami	[tsunami]
bonaccia (f)	windstilte	[vindstiltə]
tranquillo (agg)	kalm	[kalm]

| polo (m) | pool | [poəl] |
| polare (agg) | polêr | [polær] |

latitudine (f)	breedtegraad	[breədtə·χrāt]
longitudine (f)	lengtegraad	[leŋtə·χrāt]
parallelo (m)	parallel	[paralləl]
equatore (m)	ewenaar	[ɛvenār]

cielo (m)	hemel	[heməl]
orizzonte (m)	horison	[horison]
aria (f)	lug	[luχ]

faro (m)	vuurtoring	[fɪrtoriŋ]
tuffarsi (vr)	duik	[dœik]
affondare (andare a fondo)	sink	[sink]
tesori (m)	skatte	[skattə]

168. Montagne

monte (m), montagna (f)	berg	[berχ]
catena (f) montuosa	bergreeks	[berχ·reəks]
crinale (m)	bergrug	[berχ·ruχ]

cima (f)	top	[top]
picco (m)	piek	[pik]
piedi (m pl)	voet	[fut]
pendio (m)	helling	[hɛlliŋ]

vulcano (m)	vulkaan	[fulkān]
vulcano (m) attivo	aktiewe vulkaan	[aktivə fulkān]
vulcano (m) inattivo	rustende vulkaan	[rustendə fulkān]

eruzione (f)	uitbarsting	[œitbarstiŋ]
cratere (m)	krater	[kratər]
magma (m)	magma	[maχma]
lava (f)	lawa	[lava]

fuso (lava ~a)	gloeiende	[χlujendə]
canyon (m)	diepkloof	[dip·kloəf]
gola (f)	kloof	[kloəf]
crepaccio (m)	skeur	[skøər]
precipizio (m)	afgrond	[afχront]

passo (m), valico (m)	bergpas	[berχ·pas]
altopiano (m)	plato	[plato]
falesia (f)	krans	[kraŋs]
collina (f)	kop	[kop]

ghiacciaio (m)	gletser	[χletsər]
cascata (f)	waterval	[vatər·fal]
geyser (m)	geiser	[χæjsər]
lago (m)	meer	[meər]

pianura (f)	vlakte	[flaktə]
paesaggio (m)	landskap	[landskap]
eco (f)	eggo	[εχχo]

alpinista (m)	alpinis	[alpinis]
scalatore (m)	bergklimmer	[berχ·klimmər]
conquistare (~ una cima)	baasraak	[bāsrāk]
scalata (f)	beklimming	[beklimmiŋ]

169. Fiumi

fiume (m)	rivier	[rifir]
fonte (f) (sorgente)	bron	[bron]
letto (m) (~ del fiume)	rivierbed	[rifir·bet]
bacino (m)	stroomgebied	[stroəm·χebit]
sfociare nel ...	uitmond in ...	[œitmont in ...]

affluente (m)	syrivier	[saj·rifir]
riva (f)	oewer	[uvər]

corrente (f)	stroming	[stromiŋ]
a valle	stroomafwaarts	[stroəm·afvārts]
a monte	stroomopwaarts	[stroəm·opvārts]

inondazione (f)	oorstroming	[oərstromiŋ]
piena (f)	oorstroming	[oərstromiŋ]
straripare (vi)	oor sy walle loop	[oər saj vallə loəp]
inondare (vt)	oorstroom	[oərstroəm]

secca (f)	sandbank	[sand·bank]
rapida (f)	stroomversnellings	[stroəm·fersnεlliŋs]

diga (f)	damwal	[dam·wal]
canale (m)	kanaal	[kanāl]
bacino (m) di riserva	opgaardam	[opχār·dam]
chiusa (f)	sluis	[slœis]
specchio (m) d'acqua	dam	[dam]
palude (f)	moeras	[muras]

| pantano (m) | vlei | [flæj] |
| vortice (m) | draaikolk | [drāj·kolk] |

ruscello (m)	spruit	[sprœit]
potabile (agg)	drink-	[drink-]
dolce (di acqua ~)	vars	[fars]

| ghiaccio (m) | ys | [ajs] |
| ghiacciarsi (vr) | bevries | [befris] |

170. Foresta

| foresta (f) | bos | [bos] |
| forestale (agg) | bos- | [bos-] |

foresta (f) fitta	woud	[væʊt]
boschetto (m)	boord	[boərt]
radura (f)	oopte	[oəptə]

| roveto (m) | struikgewas | [strœik·χevas] |
| boscaglia (f) | struikveld | [strœik·fɛlt] |

| sentiero (m) | paadjie | [pādʒi] |
| calanco (m) | donga | [donχa] |

albero (m)	boom	[boəm]
foglia (f)	blaar	[blār]
fogliame (m)	blare	[blarə]

caduta (f) delle foglie	val van die blare	[fal fan di blarə]
cadere (vi)	val	[fal]
cima (f)	boomtop	[boəm·top]

ramo (m), ramoscello (m)	tak	[tak]
ramo (m)	tak	[tak]
gemma (f)	knop	[knop]
ago (m)	naald	[nālt]
pigna (f)	dennebol	[dɛnnə·bol]

cavità (f)	holte	[holtə]
nido (m)	nes	[nes]
tana (f) (del fox, ecc.)	gat	[χat]

tronco (m)	stam	[stam]
radice (f)	wortel	[vortəl]
corteccia (f)	bas	[bas]
musco (m)	mos	[mos]

sradicare (vt)	ontwortel	[ontwortəl]
abbattere (~ un albero)	omkap	[omkap]
disboscare (vt)	ontbos	[ontbos]
ceppo (m)	boomstomp	[boəm·stomp]
falò (m)	kampvuur	[kampfɪr]
incendio (m) boschivo	bosbrand	[bos·brant]

spegnere (vt)	blus	[blus]
guardia (f) forestale	boswagter	[bos·waχtər]
protezione (f)	beskerming	[beskermiŋ]
proteggere (~ la natura)	beskerm	[beskerm]
bracconiere (m)	wildstroper	[vilt·stropər]
tagliola (f) (~ per orsi)	slagyster	[slaχ·ajstər]

raccogliere (~ i funghi)	pluk	[pluk]
cogliere (~ le fragole)	pluk	[pluk]
perdersi (vr)	verdwaal	[ferdwāl]

171. Risorse naturali

risorse (f pl) naturali	natuurlike bronne	[natɪrlikə bronnə]
minerali (m pl)	minerale	[mineralə]
deposito (m) (~ di carbone)	lae	[laə]
giacimento (m) (~ petrolifero)	veld	[fɛlt]

estrarre (vt)	myn	[majn]
estrazione (f)	myn	[majn]
minerale (m) grezzo	erts	[ɛrts]
miniera (f)	myn	[majn]
pozzo (m) di miniera	mynskag	[majn·skaχ]
minatore (m)	mynwerker	[majn·werkər]

gas (m)	gas	[χas]
gasdotto (m)	gaspyp	[χas·pajp]

petrolio (m)	olie	[oli]
oleodotto (m)	olipypleiding	[oli·pajp·læjdiŋ]
torre (f) di estrazione	oliebron	[oli·bron]
torre (f) di trivellazione	boortoring	[boər·toriŋ]
petroliera (f)	tenkskip	[tɛnk·skip]

sabbia (f)	sand	[sant]
calcare (m)	kalksteen	[kalksteən]
ghiaia (f)	gruis	[χrœis]
torba (f)	veengrond	[feənχront]
argilla (f)	klei	[klæj]
carbone (m)	steenkool	[steən·koəl]

ferro (m)	yster	[ajstər]
oro (m)	goud	[χæʊt]
argento (m)	silwer	[silwər]
nichel (m)	nikkel	[nikkəl]
rame (m)	koper	[kopər]

zinco (m)	sink	[sink]
manganese (m)	mangaan	[manχān]
mercurio (m)	kwik	[kwik]
piombo (m)	lood	[loət]

minerale (m)	mineraal	[minerāl]
cristallo (m)	kristal	[kristal]

marmo (m)	**marmer**	[marmər]
uranio (m)	**uraan**	[urãn]

La Terra. Parte 2

172. Tempo

tempo (m)	weer	[veər]
previsione (f) del tempo	weersvoorspelling	[veərs·foərspɛliŋ]
temperatura (f)	temperatuur	[temperatɪr]
termometro (m)	termometer	[tɛrmometər]
barometro (m)	barometer	[barometər]
umido (agg)	klam	[klam]
umidità (f)	vogtigheid	[foχtiχæjt]
caldo (m), afa (f)	hitte	[hittə]
molto caldo (agg)	heet	[heət]
fa molto caldo	dis vrekwarm	[dis frekvarm]
fa caldo	dit is warm	[dit is varm]
caldo, mite (agg)	louwarm	[læʊvarm]
fa freddo	dis koud	[dis kæʊt]
freddo (agg)	koud	[kæʊt]
sole (m)	son	[son]
splendere (vi)	skyn	[skajn]
di sole (una giornata ~)	sonnig	[sonnəχ]
sorgere, levarsi (vr)	opkom	[opkom]
tramontare (vi)	ondergaan	[ondərχān]
nuvola (f)	wolk	[volk]
nuvoloso (agg)	bewolk	[bevolk]
nube (f) di pioggia	reënwolk	[reɛn·wolk]
nuvoloso (agg)	somber	[sombər]
pioggia (f)	reën	[reɛn]
piove	dit reën	[dit reɛn]
piovoso (agg)	reënerig	[reɛnerəχ]
piovigginare (vi)	motreën	[motreɛn]
pioggia (f) torrenziale	stortbui	[stortbœi]
acquazzone (m)	reënvlaag	[reɛn·flāχ]
forte (una ~ pioggia)	swaar	[swār]
pozzanghera (f)	poeletjie	[puləki]
bagnarsi (~ sotto la pioggia)	nat word	[nat vort]
foschia (f), nebbia (f)	mis	[mis]
nebbioso (agg)	mistig	[mistəχ]
neve (f)	sneeu	[sniʊ]
nevica	dit sneeu	[dit sniʊ]

173. Rigide condizioni metereologiche. Disastri naturali

temporale (m)	donderstorm	[dondər·storm]
fulmine (f)	weerlig	[veərləχ]
lampeggiare (vi)	flits	[flits]
tuono (m)	donder	[dondər]
tuonare (vi)	donder	[dondər]
tuona	dit donder	[dit dondər]
grandine (f)	hael	[haəl]
grandina	dit hael	[dit haəl]
inondare (vt)	oorstroom	[oərstroəm]
inondazione (f)	oorstroming	[oərstromiŋ]
terremoto (m)	aardbewing	[ārd·beviŋ]
scossa (f)	aardskok	[ārd·skok]
epicentro (m)	episentrum	[ɛpisentrum]
eruzione (f)	uitbarsting	[œitbarstiŋ]
lava (f)	lawa	[lava]
tromba (f), tornado (m)	tornado	[tornado]
tifone (m)	tifoon	[tifoən]
uragano (m)	orkaan	[orkān]
tempesta (f)	storm	[storm]
tsunami (m)	tsunami	[tsunami]
ciclone (m)	sikloon	[sikloən]
maltempo (m)	slegte weer	[sleχtə veər]
incendio (m)	brand	[brant]
disastro (m)	ramp	[ramp]
meteorite (m)	meteoriet	[meteorit]
valanga (f)	lawine	[lavinə]
slavina (f)	sneeulawine	[sniʊ·lavinə]
tempesta (f) di neve	sneeustorm	[sniʊ·storm]
bufera (f) di neve	sneeustorm	[sniʊ·storm]

Fauna

174. Mammiferi. Predatori

predatore (m)	roofdier	[roef·dir]
tigre (f)	tier	[tir]
leone (m)	leeu	[liʊ]
lupo (m)	wolf	[volf]
volpe (m)	vos	[fos]

giaguaro (m)	jaguar	[jaχuar]
leopardo (m)	luiperd	[lœipert]
ghepardo (m)	jagluiperd	[jaχ·lœipert]

pantera (f)	swart luiperd	[swart lœipert]
puma (f)	poema	[puma]
leopardo (m) delle nevi	sneeuluiperd	[sniʊ·lœipert]
lince (f)	los	[los]

coyote (m)	prêriewolf	[præri·volf]
sciacallo (m)	jakkals	[jakkals]
iena (f)	hiëna	[hiɛna]

175. Animali selvatici

| animale (m) | dier | [dir] |
| bestia (f) | beest | [beəst] |

scoiattolo (m)	eekhoring	[eəkhoriŋ]
riccio (m)	krimpvarkie	[krimpfarki]
lepre (f)	hasie	[hasi]
coniglio (m)	konyn	[konajn]

tasso (m)	das	[das]
procione (f)	wasbeer	[vasbeer]
criceto (m)	hamster	[hamstər]
marmotta (f)	marmot	[marmot]

talpa (f)	mol	[mol]
topo (m)	muis	[mœis]
ratto (m)	rot	[rot]
pipistrello (m)	vlermuis	[fler·mœis]

ermellino (m)	hermelyn	[herməlajn]
zibellino (m)	sabel, sabeldier	[sabəl], [sabəl·dir]
martora (f)	marter	[martər]
donnola (f)	wesel	[vesəl]
visone (m)	nerts	[nerts]

castoro (m)	bewer	[bevər]
lontra (f)	otter	[ottər]
cavallo (m)	perd	[pert]
alce (m)	eland	[ɛlant]
cervo (m)	hert	[hert]
cammello (m)	kameel	[kameəl]
bisonte (m) americano	bison	[bison]
bisonte (m) europeo	wisent	[visent]
bufalo (m)	buffel	[buffəl]
zebra (f)	sebra, kwagga	[sebra], [kwaχχa]
antilope (f)	wildsbok	[vilds·bok]
capriolo (m)	reebok	[reebok]
daino (m)	damhert	[damhert]
camoscio (m)	gems	[χems]
cinghiale (m)	wildevark	[vildə·fark]
balena (f)	walvis	[valfis]
foca (f)	seehond	[seə·hont]
tricheco (m)	walrus	[valrus]
otaria (f)	seebeer	[seə·beər]
delfino (m)	dolfyn	[dolfajn]
orso (m)	beer	[beər]
orso (m) bianco	ysbeer	[ajs·beər]
panda (m)	panda	[panda]
scimmia (f)	aap	[āp]
scimpanzè (m)	sjimpansee	[ʃimpaŋseə]
orango (m)	orangoetang	[oranχutaŋ]
gorilla (m)	gorilla	[χorilla]
macaco (m)	makaak	[makāk]
gibbone (m)	gibbon	[χibbon]
elefante (m)	olifant	[olifant]
rinoceronte (m)	renoster	[renostər]
giraffa (f)	kameelperd	[kameəl·pert]
ippopotamo (m)	seekoei	[seə·kui]
canguro (m)	kangaroe	[kanχaru]
koala (m)	koala	[koala]
mangusta (f)	muishond	[mœis·hont]
cincillà (f)	chinchilla, tjintjilla	[tʃin·tʃila]
moffetta (f)	stinkmuishond	[stinkmœis·hont]
istrice (m)	ystervark	[ajstər·fark]

176. Animali domestici

gatta (f)	kat	[kat]
gatto (m)	kater	[katər]
cane (m)	hond	[hont]

cavallo (m)	perd	[pert]
stallone (m)	hings	[hiŋs]
giumenta (f)	merrie	[merri]
mucca (f)	koei	[kui]
toro (m)	bul	[bul]
bue (m)	os	[os]
pecora (f)	skaap	[skāp]
montone (m)	ram	[ram]
capra (f)	bok	[bok]
caprone (m)	bokram	[bok·ram]
asino (m)	donkie, esel	[donki], [eisəl]
mulo (m)	muil	[mœil]
porco (m)	vark	[fark]
porcellino (m)	varkie	[farki]
coniglio (m)	konyn	[konajn]
gallina (f)	hoender, hen	[hundər], [hen]
gallo (m)	haan	[hān]
anatra (f)	eend	[eent]
maschio (m) dell'anatra	mannetjieseend	[mannəkis·eent]
oca (f)	gans	[χaŋs]
tacchino (m)	kalkoenmannetjie	[kalkun·mannəki]
tacchina (f)	kalkoen	[kalkun]
animali (m pl) domestici	huisdiere	[hœis·dirə]
addomesticato (agg)	mak	[mak]
addomesticare (vt)	mak maak	[mak māk]
allevare (vt)	teel	[teəl]
fattoria (f)	plaas	[plās]
pollame (m)	pluimvee	[plœimfeə]
bestiame (m)	beeste	[beəstə]
branco (m), mandria (f)	kudde	[kuddə]
scuderia (f)	stal	[stal]
porcile (m)	varkstal	[fark·stal]
stalla (f)	koeistal	[kui·stal]
conigliera (f)	konynehok	[konajnə·hok]
pollaio (m)	hoenderhok	[hundər·hok]

177. Cani. Razze canine

cane (m)	hond	[hont]
cane (m) da pastore	herdershond	[herdərs·hont]
pastore (m) tedesco	Duitse herdershond	[dœitsə herdərs·hont]
barbone (m)	poedel	[pudəl]
bassotto (m)	worshond	[vors·hont]
bulldog (m)	bulhond	[bul·hont]

boxer (m)	bokser	[boksər]
mastino (m)	mastiff	[mastif]
rottweiler (m)	Rottweiler	[rottwæjlər]
dobermann (m)	Dobermann	[dobermann]

bassotto (m)	basset	[basset]
bobtail (m)	bobtail	[bobtajl]
dalmata (m)	Dalmatiese hond	[dalmatisə hont]
cocker (m)	sniphond	[snip·hont]

| terranova (m) | Newfoundlander | [njufæʊntlandər] |
| sanbernardo (m) | Sint Bernard | [sint bernart] |

husky (m)	poolhond, husky	[pulhont], [huski]
chow chow (m)	chowchow	[tʃau·tʃau]
volpino (m)	spitshond	[spits·hont]
carlino (m)	mopshond	[mops·hont]

178. Versi emessi dagli animali

abbaiamento (m)	geblaf	[χeblaf]
abbaiare (vi)	blaf	[blaf]
miagolare (vi)	miaau	[miãu]
fare le fusa	spin	[spin]

muggire (vacca)	loei	[lui]
muggire (toro)	bulk	[bulk]
ringhiare (vi)	grom	[χrom]

ululato (m)	gehuil	[χehœil]
ululare (vi)	huil	[hœil]
guaire (vi)	tjank	[tʃank]

belare (pecora)	blêr	[blær]
grugnire (maiale)	snork	[snork]
squittire (vi)	gil	[χil]

gracidare (rana)	kwaak	[kwāk]
ronzare (insetto)	zoem	[zum]
frinire (vi)	kriek	[krik]

179. Uccelli

uccello (m)	voël	[foɛl]
colombo (m), piccione (m)	duif	[dœif]
passero (m)	mossie	[mossi]
cincia (f)	mees	[meəs]
gazza (f)	ekster	[ɛkstər]

corvo (m)	raaf	[rāf]
cornacchia (f)	kraai	[kr̃ål]
taccola (f)	kerkkraai	[kerk·krāi]

corvo (m) nero	roek	[ruk]
anatra (f)	eend	[eent]
oca (f)	gans	[χaŋs]
fagiano (m)	fisant	[fisant]

aquila (f)	arend	[arɛnt]
astore (m)	sperwer	[sperwər]
falco (m)	valk	[falk]

grifone (m)	aasvoël	[āsfoɛl]
condor (m)	kondor	[kondor]

cigno (m)	swaan	[swãn]
gru (f)	kraanvoël	[krãn·foɛl]
cicogna (f)	ooievaar	[ojefãr]

pappagallo (m)	papegaai	[papəχãi]
colibrì (m)	kolibrie	[kolibri]
pavone (m)	pou	[pæʊ]

struzzo (m)	volstruis	[folstrœis]
airone (m)	reier	[ræjer]

fenicottero (m)	flamink	[flamink]
pellicano (m)	pelikaan	[pelikãn]

usignolo (m)	nagtegaal	[naχteχãl]
rondine (f)	swael	[swaəl]

tordo (m)	lyster	[lajstər]
tordo (m) sasello	sanglyster	[saŋlajstər]
merlo (m)	merel	[merəl]

rondone (m)	windswael	[vindswaəl]
allodola (f)	lewerik	[leverik]
quaglia (f)	kwartel	[kwartəl]

picchio (m)	speg	[speχ]
cuculo (m)	koekoek	[kukuk]
civetta (f)	uil	[œil]
gufo (m) reale	ooruil	[oərœil]
urogallo (m)	auerhoen	[ɔuer·hun]

fagiano (m) di monte	korhoen	[korhun]
pernice (f)	patrys	[patrajs]

storno (m)	spreeu	[spriʊ]
canarino (m)	kanarie	[kanari]
francolino (m) di monte	bonasa hoen	[bonasa hun]

fringuello (m)	gryskoppie	[χrajskoppi]
ciuffolotto (m)	bloedvink	[bludfink]

gabbiano (m)	seemeeu	[seəmiʊ]
albatro (m)	albatros	[albatros]
pinguino (m)	pikkewyn	[pikkəvajn]

180. Uccelli. Cinguettio e versi

cantare (vi)	fluit	[flœit]
gridare (vi)	roep	[rup]
cantare (gallo)	kraai	[krãi]
chicchirichì (m)	koekelekoe	[kukeleku]
chioccciare (gallina)	kekkel	[kɛkkəl]
gracchiare (vi)	kras	[kras]
fare qua qua	kwaak	[kwãk]
pigolare (vi)	piep	[pip]
cinguettare (vi)	tjilp	[ʧilp]

181. Pesci. Animali marini

abramide (f)	brasem	[brasem]
carpa (f)	karp	[karp]
perca (f)	baars	[bãrs]
pesce (m) gatto	katvis, seebaber	[katfis], [seə·babər]
luccio (m)	snoek	[snuk]
salmone (m)	salm	[salm]
storione (m)	steur	[støər]
aringa (f)	haring	[hariŋ]
salmone (m)	atlantiese salm	[atlantisə salm]
scombro (m)	makriel	[makril]
sogliola (f)	platvis	[platfis]
lucioperca (f)	varswatersnoek	[farswatər·snuk]
merluzzo (m)	kabeljou	[kabeljæʊ]
tonno (m)	tuna	[tuna]
trota (f)	forel	[forəl]
anguilla (f)	paling	[paliŋ]
torpedine (f)	drilvis	[drilfis]
murena (f)	bontpaling	[bontpaliŋ]
piranha (f)	piranha	[piranha]
squalo (m)	haai	[hãi]
delfino (m)	dolfyn	[dolfajn]
balena (f)	walvis	[valfis]
granchio (m)	krap	[krap]
medusa (f)	jellievis	[jelli·fis]
polpo (m)	seekat	[seə·kat]
stella (f) marina	seester	[seə·stər]
riccio (m) di mare	see-egel, seekastaiing	[seə·eχel], [seə·kastajiŋ]
cavalluccio (m) marino	seeperdjie	[seə·perdʒi]
ostrica (f)	oester	[ustɐi]
gamberetto (m)	garnaal	[χarnãl]

astice (m)	kreef	[kreəf]
aragosta (f)	seekreef	[seə·kreəf]

182. Anfibi. Rettili

serpente (m)	slang	[slaŋ]
velenoso (agg)	giftig	[χiftəχ]

vipera (f)	adder	[addər]
cobra (m)	kobra	[kobra]
pitone (m)	luislang	[lœislaŋ]
boa (m)	boa, konstriktorslang	[boa], [kɔŋstriktor·slaŋ]

biscia (f)	ringslang	[riŋ·slaŋ]
serpente (m) a sonagli	ratelslang	[ratəl·slaŋ]
anaconda (f)	anakonda	[anakonda]

lucertola (f)	akkedis	[akkedis]
iguana (f)	leguaan	[leχuān]
varano (m)	likkewaan	[likkevān]
salamandra (f)	salamander	[salamandər]
camaleonte (m)	verkleurmannetjie	[ferkløər·manneki]
scorpione (m)	skerpioen	[skerpiun]

tartaruga (f)	skilpad	[skilpat]
rana (f)	padda	[padda]
rospo (m)	brulpadda	[brul·padda]
coccodrillo (m)	krokodil	[krokodil]

183. Insetti

insetto (m)	insek	[insek]
farfalla (f)	skoenlapper	[skunlappər]
formica (f)	mier	[mir]
mosca (f)	vlieg	[fliχ]
zanzara (f)	muskiet	[muskit]
scarabeo (m)	kewer	[kevər]

vespa (f)	perdeby	[perdə·baj]
ape (f)	by	[baj]
bombo (m)	hommelby	[homməl·baj]
tafano (m)	perdevlieg	[perdə·fliχ]

ragno (m)	spinnekop	[spinnə·kop]
ragnatela (f)	spinnerak	[spinnə·rak]

libellula (f)	naaldekoker	[nālde·kokər]
cavalletta (f)	sprinkaan	[sprinkān]
farfalla (f) notturna	mot	[mot]

scarafaggio (m)	kakkerlak	[kakkerlak]
zecca (f)	bosluis	[boslœis]

pulce (f)	vlooi	[floj]
moscerino (m)	muggie	[muχχi]

locusta (f)	treksprinkhaan	[trek·sprinkhān]
lumaca (f)	slak	[slak]
grillo (m)	kriek	[krik]
lucciola (f)	vuurvliegie	[fɪrfliχi]
coccinella (f)	lieweheersbesie	[liveheərs·besi]
maggiolino (m)	lentekewer	[lentekevər]

sanguisuga (f)	bloedsuier	[blud·sœeiər]
bruco (m)	ruspe	[ruspə]
verme (m)	erdwurm	[ɛrd·vurm]
larva (f)	larwe	[larvə]

184. Animali. Parti del corpo

becco (m)	snawel	[snavəl]
ali (f pl)	vlerke	[flerkə]
zampa (f)	poot	[poət]
piumaggio (m)	vere	[ferə]
penna (f), piuma (f)	veer	[feər]
cresta (f)	kuif	[kœif]

branchia (f)	kiewe	[kivə]
uova (f pl)	viseiers	[fisæjers]
larva (f)	larwe	[larvə]
pinna (f)	vin	[fin]
squama (f)	skubbe	[skubbə]

zanna (f)	slagtand	[slaχtant]
zampa (f)	poot	[poət]
muso (m)	muil	[mœil]
bocca (f)	bek	[bek]
coda (f)	stert	[stert]
baffi (m pl)	snor	[snor]

zoccolo (m)	hoef	[huf]
corno (m)	horing	[horiŋ]

carapace (f)	rugdop	[ruχdop]
conchiglia (f)	skulp	[skulp]
guscio (m) dell'uovo	eierdop	[æjer·dop]

pelo (m)	pels	[pɛls]
pelle (f)	vel	[fəl]

185. Animali. Ambiente naturale

ambiente (m) naturale	habitat	[habitat]
migrazione (f)	migrasie	[mlχɾasi]
monte (m), montagna (f)	berg	[berχ]

scogliera (f)	rif	[rif]
falesia (f)	rots	[rots]
foresta (f)	woud	[væʊt]
giungla (f)	oerwoud	[urwæʊt]
savana (f)	veld	[fɛlt]
tundra (f)	toendra	[tundra]
steppa (f)	steppe	[stɛppə]
deserto (m)	woestyn	[vustajn]
oasi (f)	oase	[oasə]
mare (m)	see	[seə]
lago (m)	meer	[meər]
oceano (m)	oseaan	[oseãn]
palude (f)	moeras	[muras]
di acqua dolce	varswater	[fars·vatər]
stagno (m)	dam	[dam]
fiume (m)	rivier	[rifir]
tana (f) (dell'orso)	hol	[hol]
nido (m)	nes	[nes]
cavità (f) (~ in un albero)	holte	[holtə]
tana (f) (del fox, ecc.)	gat	[χat]
formicaio (m)	miershoop	[mirs·hoəp]

Flora

186. Alberi

albero (m)	boom	[boəm]
deciduo (agg)	bladwisselend	[bladwisselent]
conifero (agg)	kegeldraend	[keχɛldraent]
sempreverde (agg)	immergroen	[immərχrun]
melo (m)	appelboom	[appɛl·boəm]
pero (m)	peerboom	[peər·boəm]
ciliegio (m)	soetkersieboom	[sutkersi·boəm]
amareno (m)	suurkersieboom	[sɪrkersi·boəm]
prugno (m)	pruimeboom	[prœimə·boəm]
betulla (f)	berk	[berk]
quercia (f)	eik	[æjk]
tiglio (m)	lindeboom	[lində·boəm]
pioppo (m) tremolo	trilpopulier	[trilpopulir]
acero (m)	esdoring	[ɛsdoriŋ]
abete (m)	spar	[spar]
pino (m)	denneboom	[dɛnnə·boəm]
larice (m)	lorkeboom	[lorkə·boəm]
abete (m) bianco	den	[den]
cedro (m)	seder	[sedər]
pioppo (m)	populier	[populir]
sorbo (m)	lysterbessie	[lajstərbɛssi]
salice (m)	wilger	[vilχər]
alno (m)	els	[ɛls]
faggio (m)	beuk	[bøək]
olmo (m)	olm	[olm]
frassino (m)	esboom	[ɛs·boəm]
castagno (m)	kastaiing	[kastajiŋ]
magnolia (f)	magnolia	[maχnolia]
palma (f)	palm	[palm]
cipresso (m)	sipres	[sipres]
mangrovia (f)	wortelboom	[vortəl·boəm]
baobab (m)	kremetart	[kremetart]
eucalipto (m)	bloekom	[blukom]
sequoia (f)	mammoetboom	[mammut·boəm]

187. Arbusti

cespuglio (m)	struik	[strœlk]
arbusto (m)	bossie	[bossi]

vite (f)	wingerdstok	[viŋərd·stok]
vigneto (m)	wingerd	[viŋərt]
lampone (m)	framboosstruik	[frambɔəs·strœik]
ribes (m) nero	swartbessiestruik	[swartbɛssi·strœik]
ribes (m) rosso	rooi aalbessiestruik	[roj ālbɛssi·strœik]
uva (f) spina	appelliefiestruik	[appɛllifi·strœik]
acacia (f)	akasia	[akasia]
crespino (m)	suurbessie	[sɪr·bɛssi]
gelsomino (m)	jasmyn	[jasmajn]
ginepro (m)	jenewer	[jenevər]
roseto (m)	roosstruik	[rɔəs·strœik]
rosa (f) canina	hondsroos	[honds·roəs]

188. Funghi

fungo (m)	paddastoel	[paddastul]
fungo (m) commestibile	eetbare paddastoel	[eətbarə paddastul]
fungo (m) velenoso	giftige paddastoel	[χiftiχə paddastul]
cappello (m)	hoed	[hut]
gambo (m)	steel	[steəl]
porcino (m)	Eetbare boleet	[eətbarə boleət]
boleto (m) rufo	rooihoed	[rojhut]
porcinello (m)	berkboleet	[berk·boleət]
gallinaccio (m)	dooierswam	[dojer·swam]
rossola (f)	russula	[russula]
spugnola (f)	morielje	[morilje]
ovolaccio (m)	vlieëswam	[fliɛ·swam]
fungo (m) moscario	duiwelsbrood	[dœivɛls·broət]

189. Frutti. Bacche

frutto (m)	vrug	[fruχ]
frutti (m pl)	vrugte	[fruχtə]
mela (f)	appel	[appəl]
pera (f)	peer	[peər]
prugna (f)	pruim	[prœim]
fragola (f)	aarbei	[ārbæj]
amarena (f)	suurkersie	[sɪr·kersi]
ciliegia (f)	soetkersie	[sut·kersi]
uva (f)	druif	[drœif]
lampone (m)	framboos	[frambɔəs]
ribes (m) nero	swartbessie	[swartbɛssi]
ribes (m) rosso	rooi aalbessie	[roj ālbɛssi]
uva (f) spina	appelliefie	[appɛllifi]

mirtillo (m) di palude	bosbessie	[bosbɛssi]
arancia (f)	lemoen	[lemun]
mandarino (m)	nartjie	[narki]
ananas (m)	pynappel	[pajnappəl]
banana (f)	piesang	[pisaŋ]
dattero (m)	dadel	[dadəl]

limone (m)	suurlemoen	[sɪr·lemun]
albicocca (f)	appelkoos	[appɛlkoəs]
pesca (f)	perske	[perskə]
kiwi (m)	kiwi, kiwivrug	[kivi], [kivi·fruχ]
pompelmo (m)	pomelo	[pomelo]

bacca (f)	bessie	[bɛssi]
bacche (f pl)	bessies	[bɛssis]
mirtillo (m) rosso	pryselbessie	[prajsɛlbɛssi]
fragola (f) di bosco	wilde aarbei	[vildə ārbæj]
mirtillo (m)	bloubessie	[blæʊbɛssi]

190. Fiori. Piante

fiore (m)	blom	[blom]
mazzo (m) di fiori	boeket	[buket]

rosa (f)	roos	[roəs]
tulipano (m)	tulp	[tulp]
garofano (m)	angelier	[anχəlir]
gladiolo (m)	swaardlelie	[swārd·leli]

fiordaliso (m)	koringblom	[koriŋblom]
campanella (f)	grasklokkie	[χras·klokki]
soffione (m)	perdeblom	[perdə·blom]
camomilla (f)	kamille	[kamillə]

aloe (m)	aalwyn	[ālwajn]
cactus (m)	kaktus	[kaktus]
ficus (m)	rubberplant	[rubbər·plant]

giglio (m)	lelie	[leli]
geranio (m)	malva	[malfa]
giacinto (m)	hiasint	[hiasint]

mimosa (f)	mimosa	[mimosa]
narciso (m)	narsing	[narsiŋ]
nasturzio (m)	kappertjie	[kapperki]

orchidea (f)	orgidee	[orχideə]
peonia (f)	pinksterroos	[pinkstər·roəs]
viola (f)	viooltjie	[fioəlki]

viola (f) del pensiero	gesiggie	[χesiχi]
nontiscordardimé (m)	vergeet-my-nietjie	[ferχeət-maj-niki]
margherita (f)	madeliefie	[madelifi]
papavero (m)	papawer	[papavər]

canapa (f)	hennep	[hɛnnəp]
menta (f)	kruisement	[krœisəment]

mughetto (m)	dallelie	[dalleli]
bucaneve (m)	sneeuklokkie	[sniʊ·klokki]

ortica (f)	brandnetel	[brant·netəl]
acetosa (f)	veldsuring	[fɛltsuriŋ]
ninfea (f)	waterlelie	[vatər·leli]
felce (f)	varing	[fariŋ]
lichene (m)	korsmos	[korsmos]

serra (f)	broeikas	[bruikas]
prato (m) erboso	grasperk	[χras·perk]
aiuola (f)	blombed	[blom·bet]

pianta (f)	plant	[plant]
erba (f)	gras	[χras]
filo (m) d'erba	grasspriet	[χras·sprit]

foglia (f)	blaar	[blār]
petalo (m)	kroonblaar	[kroən·blār]
stelo (m)	stingel	[stiŋəl]
tubero (m)	knol	[knol]

germoglio (m)	saailing	[sājliŋ]
spina (f)	doring	[doriŋ]

fiorire (vi)	bloei	[blui]
appassire (vi)	verlep	[ferlep]
odore (m), profumo (m)	reuk	[røək]
tagliare (~ i fiori)	sny	[snaj]
cogliere (vt)	pluk	[pluk]

191. Cereali, granaglie

grano (m)	graan	[χrān]
cereali (m pl)	graangewasse	[χrān·χəwassə]
spiga (f)	aar	[ār]

frumento (m)	koring	[koriŋ]
segale (f)	rog	[roχ]
avena (f)	hawer	[havər]
miglio (m)	gierst	[χirst]
orzo (m)	gars	[χars]
mais (m)	mielie	[mili]
riso (m)	rys	[rajs]
grano (m) saraceno	bokwiet	[bokwit]

pisello (m)	ertjie	[ɛrki]
fagiolo (m)	nierboon	[nir·boən]
soia (f)	soja	[soja]
lenticchie (f pl)	lensie	[lɛŋsi]
fave (f pl)	boontjies	[boənkis]

GEOGRAFIA REGIONALE

Paesi. Nazionalità

192. Politica. Governo. Parte 1

politica (f)	politiek	[politik]
politico (agg)	politieke	[politikə]
politico (m)	politikus	[politikus]
stato (m) (nazione, paese)	staat	[stāt]
cittadino (m)	burger	[burgər]
cittadinanza (f)	burgerskap	[burgərskap]
emblema (m) nazionale	nasionale wapen	[naʃionalə vapen]
inno (m) nazionale	volkslied	[folkslit]
governo (m)	regering	[reɣeriŋ]
capo (m) di Stato	staatshoof	[stāts·hoəf]
parlamento (m)	parlement	[parlement]
partito (m)	partij	[partij]
capitalismo (m)	kapitalisme	[kapitalismə]
capitalistico (agg)	kapitalis	[kapitalis]
socialismo (m)	sosialisme	[soʃialisme]
socialista (agg)	sosialis	[soʃialis]
comunismo (m)	kommunisme	[kommunismə]
comunista (agg)	kommunis	[kommunis]
comunista (m)	kommunis	[kommunis]
democrazia (f)	demokrasie	[demokrasi]
democratico (m)	demokraat	[demokrāt]
democratico (agg)	demokraties	[demokratis]
partito (m) democratico	Demokratiese party	[demokratisə partaj]
liberale (m)	liberaal	[liberāl]
liberale (agg)	liberaal	[liberāl]
conservatore (m)	konservatief	[kɔŋserfatif]
conservatore (agg)	konservatief	[kɔŋserfatif]
repubblica (f)	republiek	[republik]
repubblicano (m)	republikein	[republikæjn]
partito (m) repubblicano	Republikeinse Party	[republikæjnsə partaj]
elezioni (f pl)	verkiesings	[ferklslɪjs]
eleggere (vt)	verkies	[ferkis]

elettore (m)	kieser	[kisər]
campagna (f) elettorale	verkiesingskampanje	[ferkisiŋs·kampanje]

votazione (f)	stemming	[stɛmmiŋ]
votare (vi)	stem	[stem]
diritto (m) di voto	stemreg	[stem·reχ]

candidato (m)	kandidaat	[kandidāt]
campagna (f)	kampanje	[kampanje]

d'opposizione (agg)	opposisie	[opposisi]
opposizione (f)	opposisie	[opposisi]

visita (f)	besoek	[besuk]
visita (f) ufficiale	amptelike besoek	[amptelikə besuk]
internazionale (agg)	internasionaal	[internaʃionāl]

trattative (f pl)	onderhandelinge	[ondərhandeliŋə]
negoziare (vi)	onderhandel	[ondərhandəl]

193. Politica. Governo. Parte 2

società (f)	samelewing	[samaleviŋ]
costituzione (f)	grondwet	[χront·wet]
potere (m) (~ politico)	mag	[maχ]
corruzione (f)	korrupsie	[korrupsi]

legge (f)	wet	[vet]
legittimo (agg)	wetlik	[vetlik]

giustizia (f)	geregtigheid	[χereχtiχæjt]
giusto (imparziale)	regverdig	[reχferdəχ]

comitato (m)	komitee	[komiteə]
disegno (m) di legge	wetsontwerp	[vetsontwerp]
bilancio (m)	begroting	[beχrotiŋ]
politica (f)	beleid	[belæjt]
riforma (f)	hervorming	[herformiŋ]
radicale (agg)	radikaal	[radikāl]

forza (f) (potenza)	mag	[maχ]
potente (agg)	magtig	[maχtəχ]
sostenitore (m)	ondersteuner	[ondərstøənər]
influenza (f)	invloed	[influt]

regime (m) (~ militare)	bewind	[bevint]
conflitto (m)	konflik	[konflik]
complotto (m)	sameswering	[samesweriŋ]
provocazione (f)	uitdaging	[œitdaχiŋ]

rovesciare (~ un regime)	omvergooi	[omferχoj]
rovesciamento (m)	omvergooi	[omferχoj]
rivoluzione (f)	revolusie	[refolusi]
colpo (m) di Stato	staatsgreep	[stāts·χreəp]

golpe (m) militare	militêre staatsgreep	[militærə stātsχreəp]
crisi (f)	krisis	[krisis]
recessione (f) economica	ekonomiese agteruitgang	[ɛkonomisə aχtər·œitχaŋ]
manifestante (m)	betoër	[betoɛr]
manifestazione (f)	demonstrasie	[demɔŋstrasi]
legge (f) marziale	krygswet	[krajχs·wet]
base (f) militare	militêre basis	[militærə basis]
stabilità (f)	stabiliteit	[stabilitæjt]
stabile (agg)	stabiel	[stabil]
sfruttamento (m)	uitbuiting	[œitbœitiŋ]
sfruttare (~ i lavoratori)	uitbuit	[œitbœit]
razzismo (m)	rassisme	[rassismə]
razzista (m)	rassis	[rassis]
fascismo (m)	fascisme	[faʃismə]
fascista (m)	fascis	[faʃis]

194. Paesi. Varie

straniero (m)	vreemdeling	[freəmdeliŋ]
straniero (agg)	vreemd	[freəmt]
all'estero	in die buiteland	[in di bœitəlant]
emigrato (m)	emigrant	[ɛmiχrant]
emigrazione (f)	emigrasie	[ɛmiχrasi]
emigrare (vi)	emigreer	[ɛmiχreər]
Ovest (m)	die Weste	[di vestə]
Est (m)	die Ooste	[di oəstə]
Estremo Oriente (m)	die Verre Ooste	[di ferrə oəstə]
civiltà (f)	beskawing	[beskaviŋ]
umanità (f)	mensdom	[mɛŋsdom]
mondo (m)	die wêreld	[di værəlt]
pace (f)	vrede	[fredə]
mondiale (agg)	wêreldwyd	[værəlt·wajt]
patria (f)	vaderland	[fadər·lant]
popolo (m)	volk	[folk]
popolazione (f)	bevolking	[befolkiŋ]
gente (f)	mense	[mɛŋsə]
nazione (f)	nasie	[nasi]
generazione (f)	generasie	[χenerasi]
territorio (m)	gebied	[χebit]
regione (f)	streek	[streək]
stato (m)	staat	[stāt]
tradizione (f)	tradisie	[tradisi]
costume (m)	gebruik	[χebrœik]
ecologia (f)	ekologie	[ɛkoloχl]
indiano (m)	Indiaan	[indiān]

zingaro (m)	Sigeuner	[siχøənər]
zingara (f)	Sigeunerin	[siχøənərin]
di zingaro	sigeuner-	[siχøənər-]

impero (m)	rijk	[rijk]
colonia (f)	kolonie	[koloni]
schiavitù (f)	slawerny	[slavərnaj]
invasione (f)	invasie	[infasi]
carestia (f)	hongersnood	[hoŋərsnoət]

195. Principali gruppi religiosi. Credi religiosi

religione (f)	godsdiens	[χodsdiŋs]
religioso (agg)	godsdienstig	[χodsdiŋstəχ]

fede (f)	geloof	[χeloəf]
credere (vi)	glo	[χlo]
credente (m)	gelowige	[χeloviχə]

ateismo (m)	ateïsme	[ateïsmə]
ateo (m)	ateïs	[ateïs]

cristianesimo (m)	Christendom	[χristəndom]
cristiano (m)	Christen	[χristən]
cristiano (agg)	Christelik	[χristəlik]

cattolicesimo (m)	Katolisisme	[katolisismə]
cattolico (m)	Katoliek	[katolik]
cattolico (agg)	katoliek	[katolik]

Protestantesimo (m)	Protestantisme	[protestantismə]
Chiesa (f) protestante	Protestantse Kerk	[protestantsə kerk]
protestante (m)	Protestant	[protestant]

Ortodossia (f)	Ortodoksie	[ortodoksi]
Chiesa (f) ortodossa	Ortodokse Kerk	[ortodoksə kerk]
ortodosso (m)	Ortodoks	[ortodoks]

Presbiterianesimo (m)	Presbiterianisme	[presbiterianismə]
Chiesa (f) presbiteriana	Presbiteriaanse Kerk	[presbiteriāŋsə kerk]
presbiteriano (m)	Presbiteriaan	[presbitəriān]

Luteranesimo (m)	Lutheranisme	[luteranismə]
luterano (m)	Lutheraan	[lutərān]

confessione (f) battista	Baptistiese Kerk	[baptistisə kerk]
battista (m)	Baptis	[baptis]

Chiesa (f) anglicana	Anglikaanse Kerk	[anχlikāŋsə kerk]
anglicano (m)	Anglikaan	[anχlikān]

mormonismo (m)	Mormonisme	[mormonismə]
mormone (m)	Mormoon	[mormoən]
giudaismo (m)	Jodendom	[jodɛndom]

ebreo (m)	Jood	[joət]
buddismo (m)	Boeddhisme	[buddismə]
buddista (m)	Boeddhis	[buddis]
Induismo (m)	Hindoeïsme	[hinduïsmə]
induista (m)	Hindoe	[hindu]
Islam (m)	Islam	[islam]
musulmano (m)	Islamiet	[islamit]
musulmano (agg)	Islamities	[islamitis]
sciismo (m)	Sjia Islam	[ʃia islam]
sciita (m)	Sjiït	[ʃiït]
sunnismo (m)	Sunni Islam	[sunni islam]
sunnita (m)	Sunniet	[sunnit]

196. Religioni. Sacerdoti

prete (m)	priester	[pristər]
Papa (m)	die Pous	[di pæʊs]
monaco (m)	monnik	[monnik]
monaca (f)	non	[non]
pastore (m)	pastoor	[pastoər]
abate (m)	ab	[ap]
vicario (m)	priester	[pristər]
vescovo (m)	biskop	[biskop]
cardinale (m)	kardinaal	[kardinãl]
predicatore (m)	predikant	[predikant]
predica (f)	preek	[preək]
parrocchiani (m)	kerkgangers	[kerk·χaŋərs]
credente (m)	gelowige	[χeloviχə]
ateo (m)	ateïs	[ateïs]

197. Fede. Cristianesimo. Islam

Adamo	Adam	[adam]
Eva	Eva	[efa]
Dio (m)	God	[χot]
Signore (m)	die Here	[di herə]
Onnipotente (m)	die Almagtige	[di almaχtiχə]
peccato (m)	sonde	[sondə]
peccare (vi)	sondig	[sondəχ]
peccatore (m)	sondaar	[sondãr]
peccatrice (f)	sondares	[sondares]
inferno (m)	hel	[həl]

paradiso (m)	paradys	[paradajs]
Gesù	Jesus	[jesus]
Gesù Cristo	Jesus Christus	[jesus χristus]
Spirito (m) Santo	die Heilige Gees	[di hæjliχə χees]
Salvatore (m)	die Verlosser	[di ferlossər]
Madonna	die Maagd Maria	[di māχt maria]
Diavolo (m)	die duiwel	[di dœivəl]
del diavolo	duiwels	[dœivɛls]
Satana (m)	Satan	[satan]
satanico (agg)	satanies	[satanis]
angelo (m)	engel	[ɛŋəl]
angelo (m) custode	beskermengel	[beskerm·eŋəl]
angelico (agg)	engelagtig	[ɛŋəlaχtəχ]
apostolo (m)	apostel	[apostəl]
arcangelo (m)	aartsengel	[ārtseŋəl]
Anticristo (m)	die antichris	[di antiχris]
Chiesa (f)	Kerk	[kerk]
Bibbia (f)	Bybel	[bajbəl]
biblico (agg)	bybels	[bajbəls]
Vecchio Testamento (m)	Ou Testament	[æʊ testament]
Nuovo Testamento (m)	Nuwe Testament	[nuvə testament]
Vangelo (m)	evangelie	[ɛfanχəli]
Sacra Scrittura (f)	Heilige Skrif	[hæjliχə skrif]
Il Regno dei Cieli	hemel	[hemel]
comandamento (m)	gebod	[χebot]
profeta (m)	profeet	[profeət]
profezia (f)	profesie	[profesi]
Allah	Allah	[allah]
Maometto	Mohammed	[mohammet]
Corano (m)	die Koran	[di koran]
moschea (f)	moskee	[moskeə]
mullah (m)	moella	[mulla]
preghiera (f)	gebed	[χebet]
pregare (vi, vt)	bid	[bit]
pellegrinaggio (m)	pelgrimstog	[pɛlχrimstoχ]
pellegrino (m)	pelgrim	[pɛlχrim]
La Mecca (f)	Mecca	[mɛkka]
chiesa (f)	kerk	[kerk]
tempio (m)	tempel	[tempəl]
cattedrale (f)	katedraal	[katedrāl]
gotico (agg)	Goties	[χotis]
sinagoga (f)	sinagoge	[sinaχoχə]
moschea (f)	moskee	[moskeə]
cappella (f)	kapel	[kapəl]
abbazia (f)	abdy	[abdaj]

| convento (m) di suore | klooster | [kloəstər] |
| monastero (m) | klooster | [kloəstər] |

campana (f)	klok	[klok]
campanile (m)	kloktoring	[klok·toriŋ]
suonare (campane)	lui	[lœi]

croce (f)	kruis	[krœis]
cupola (f)	koepel	[kupəl]
icona (f)	ikoon	[ikoən]

anima (f)	siel	[sil]
destino (m), sorte (f)	noodlot	[noədlot]
male (m)	die bose	[di bosə]
bene (m)	goed	[χut]

vampiro (m)	vampier	[fampir]
strega (f)	heks	[heks]
demone (m)	demoon	[demoən]
spirito (m)	gees	[χeəs]

| redenzione (f) | versoening | [fersuniŋ] |
| redimere (vt) | verlos | [ferlos] |

messa (f)	kerkdies	[kerkdis]
dire la messa	die mis opdra	[di mis opdra]
confessione (f)	bieg	[biχ]
confessarsi (vr)	bieg	[biχ]

santo (m)	heilige	[hæjliχə]
sacro (agg)	heilig	[hæjləχ]
acqua (f) santa	wywater	[vaj·vatər]

rito (m)	ritueel	[ritueəl]
rituale (agg)	ritueel	[ritueəl]
sacrificio (m) (offerta)	offerande	[offerandə]

superstizione (f)	bygeloof	[bajχəloəf]
superstizioso (agg)	bygelowig	[bajχəloveχ]
vita (f) dell'oltretomba	hiernamaals	[hirna·māls]
vita (f) eterna	ewige lewe	[ɛviχə levə]

VARIE

198. Varie parole utili

aiuto (m)	hulp	[hulp]
barriera (f) (ostacolo)	hindernis	[hindərnis]
base (f)	basis	[basis]
bilancio (m) (equilibrio)	balans	[balaŋs]
categoria (f)	kategorie	[kateχori]

causa (f) (ragione)	rede	[redə]
coincidenza (f)	toeval	[tufal]
comodo (agg)	gemaklik	[χemaklik]
compenso (m)	kompensasie	[kompɛnsasi]
confronto (m)	vergelyking	[ferχelajkiŋ]

cosa (f) (oggetto, articolo)	ding	[diŋ]
crescita (f)	groei	[χrui]
differenza (f)	verskil	[ferskil]
effetto (m)	effek	[ɛffek]
elemento (m)	element	[ɛlement]

errore (m)	fout	[fæʊt]
esempio (m)	voorbeeld	[foərbeəlt]
fatto (m)	feit	[fæjt]
forma (f) (aspetto)	vorm	[form]
frequente (agg)	gereeld	[χereəlt]

genere (m) (tipo, sorta)	soort	[soərt]
grado (m) (livello)	graad	[χrāt]
ideale (m)	ideaal	[ideāl]
inizio (m)	begin	[beχin]
labirinto (m)	labirint	[labirint]

modo (m) (maniera)	manier	[manir]
momento (m)	moment	[moment]
oggetto (m) (cosa)	objek	[objek]
originale (m) (non è una copia)	origineel	[oriχineəl]

ostacolo (m)	hinderpaal	[hindərpāl]
parte (f) (~ di qc)	deel	[deəl]
particella (f)	deeltjie	[deəlki]
pausa (f)	pouse	[pæʊsə]

pausa (f) (sosta)	pouse	[pæʊsə]
posizione (f)	posisie	[posisi]
principio (m)	beginsel	[beχinsəl]
problema (m)	probleem	[probleəm]
processo (m)	proses	[proses]
progresso (m)	vooruitgang	[foərœitχaŋ]

proprietà (f) (qualità)	eienskap	[æjeŋskap]
reazione (f)	reaksie	[reaksi]
rischio (m)	risiko	[risiko]
ritmo (m)	tempo	[tempo]
scelta (f)	keuse	[køəsə]
segreto (m)	geheim	[xəhæjm]
serie (f)	reeks	[reəks]
sfondo (m)	agtergrond	[aχtərχront]
sforzo (m) (fatica)	inspanning	[inspanniŋ]
sistema (m)	sisteem	[sisteəm]
situazione (f)	toestand	[tustant]
soluzione (f)	oplossing	[oplossiŋ]
standard (agg)	standaard	[standãrt]
standard (m)	standaard	[standãrt]
stile (m)	styl	[stajl]
sviluppo (m)	ontwikkeling	[ontwikkeliŋ]
tabella (f) (delle calorie, ecc.)	tabel	[tabəl]
termine (m)	einde	[æjndə]
termine (m) (parola)	term	[term]
tipo (m)	tipe	[tipə]
turno (m)	beurt	[bøərt]
(aspettare il proprio ~)		
urgente (agg)	dringend	[driŋən]
urgentemente	dringend	[driŋən]
utilità (f)	nut	[nut]
variante (f)	variant	[fariant]
verità (f)	waarheid	[vãrhæjt]
zona (f)	sone	[sonə]